*Alla memoria di mia sorella Eufemia
scomparsa per quel male crudele……
chiamato Alzheimer!*

Dedicated to the memory of my
sister Eufemia, lost to the cruel illness
that is Alzheimer's!

NICOLA MALIZIA

IL FIAT G.50

(Storia di un Caccia della Regia Aeronautica

IBN Editore

**137
ICARO MODERNO**

© by IBN - Istituto Bibliografico Napoleone
Via Mingazzini, 7 - 00161 ROMA
Tel. & Fax 06-4452275/06-4469828
www.ibneditore.it

Grafica di copertina di: Giorgia Napoleone
Traduzione di: Frank McMeiken
Profili a colori: Giampiero Pino

ISBN 88-7565-002-0

Finito di stampare nel mese di Aprile 2004 presso la Pubbliprint Service - Roma

Ringraziamenti
L'Autore desidera ringraziare tutti coloro che hanno collaborato fattivamente e con entusiasmo, per la realizzazione di questo nuovo lavoro.
- L'Ufficio Storico dello SMAM, L'Ufficio Documentazione e Fotografico dello SMAM, L'Imperial War Museum, of London, Il Bundesarchiv di Koblenza, Il Laboratorio Fotografico del 5° Stormo, Il "Forum del 51° Stormo".
- I veterani di guerra Giovanni AMBROSIO, Francesco BOZZI, Giosuè CALAMAI, Vannetto CAVICCHIOLI, Ezio DELL'ACQUA, Francesco FAGIOLO, Vittorio GALFETTI, Arnaldo MAURI, Vittorio MERLO, Aldo ORSUCCI, Italo ROSSINI, Giuseppe VITALI.
- Gli Amici Cristian AMADEI, Antonio BESANA, Lucio BICCOLINI, Massino DELMAGNO, Giorgio DI GIORGIO, Federico DIOTALLEVI, Stefano DOGLIO NICLOT, Angelo EMILIANI, Frederick GALEA, Giancarlo GARELLO, Paolo GIACOMINI, Pier Federico GUALFUCCI, Cesare GORI, Raymonde KUHN, Alessandro MANNI, Antonio MARAZITI, Massimo MATELLI, Ermanno MOLTENI, P. PATRICK, Carlo RASO, Felix RUFOLO, Raffaele SGARZI, Christopher SHORES, Riccardo UDIENTE, Achille VIGNA.
- La gentile Signora Nila STEFFAN BUVOLI ed un riverente pensiero alla memoria del marito, il Col. Pilota Aldo BUVOLI.
- Un omaggio alla memoria dei Generali Alberto BALLISTA, Manlio BICCOLINI, Mario BONZANO, Tullio DEL PRATO, Duilio FANALI, Aldo REMONDINO; del Colonnello Pilota Vincenzo SANT'ANDREA; del Com/te Luigi MATELLI, del M.llo Pil. Renato MAZZOTTI, del Serg. Magg. Pil. Ottotorino AMBROSI.
- Un caro ricordo alla memoria dell'Amico Carlo LUCCHINI, prezioso collaboratore, pronto in ogni evenienza per concedere il suo prezioso aiuto, la sua piena disponibilità, soprattutto la sua stima e l'amicizia.
- Un affettuoso ringraziamento al grande Amico Frank MCMEIKEN, per la sua indispensabile, insostituibile, brillante traduzione dei miei lavori ed ai Sigg. Alessandro NATI FORNETTI e Giampiero PINO, l'uno per la realizzazione della parte modellistica, l'altro per i profili a colori.

Acknowledgements
The Author would like to express his thanks to those who have collaborated with enthusiasm and dedication in the realisation of this new work.
- The Ufficio Storico of SMAM, The Ufficio Documentazione e Fotografico of the SMAM, The Imperial War Museum in London, The Bundesarchiv in Koblenza, The Laboratorio Fotografico of the 5° Stormo, The Forum of the 51° Stormo.
- War veterans Giovanni AMBROSIO, Francesco BOZZI, Giosuè CALAMAI, Vannetto CAVICCHIOLI, Ezio DELL'ACQUA, Francesco FAGIOLO, Vittorio GALFETTI, Arnaldo MAURI, Vittorio MERLO, Aldo ORSUCCI, Italo ROSSINI. Giuseppe VITALI.
- Gli Amici Cristian AMADEI, Antonio BESANA, Lucio BICCOLINI, Massimo DELMAGNO, Giorgio DI GIORGIO, Federico DIOALLEVI, Stefano DOGLIO NICLOT, Angelo EMILIANI, Frederick GALEA, Giancarlo GARELLO, Paolo GIACOMINI, Cesare GORI, Pier F. GUALFUCCI, Raymonde KUHN, Alessandro MANNI, Antonio MARAZITI, Massimo MATELLI, Ermanno MOLTENI, P. PATRICK, Carlo RASO, Felix RUFOLO, Raffaele SGARZI, Christopher SHORES, Riccardo UDIENTE, Achille VIGNA.
- Signora Nila STEFFAN BUVOLI, with a reverent thought for the memory of her husband, Col. Pilota Aldo BUVOLI.
- The memory of the Generals Alberto BALLISTA, Manlio BICCOLINI, Mario BONZANO, Tullio DEL PRATO, Duilio FANALI, Aldo REMONDINIO, Colonnello Pilota Vincenzo SANT'ANDREA, Com/te Luigi MATELLI, M.llo Pil. Renato MAZZOTTI, Serg. Magg. Pil. Ottorino AMBROSI.
- The memory of my big friend Carlo LUCCHINI deservers a special record: a precious collaborator, he was always ready in any circumstance to offer his help and services, and above all his friendship and respect.
- My grateful thank go to my friend Franc McMEIKEN for his indispensable and untiring efforts in translating this work and Mr. Alessandro NATI FORNETTI and Giampiero PINO, the first for air model-making and the second for the creation of the coloured profiles.

CONTENTS

PREFAZIONE
Preface

I

LA NASCITA DEL FIAT G.50 — 10
The creation of the FIAT G.50

L'ESORDIO OPERATIVO DEI FIAT G.50 — 21
The FIAT G.50s operational debut

I FIAT G.50 NEI REPARTI DELLA REGIA AERONAUTICA — 25
The FIAT G.50 in Regia Aeronautica unit service

LA SECONDA GUERRA MONDIALE — 30
The Second World War

I FIAT G.50 DEL 20° GRUPPO IN BELGIO — 40
The FIAT G.50 of the 20° Gruppo in Belgium

FRONTE GRECO-ALBANESE — 42
Greece and Albania

I MICIDIALI HAWKER HURRICANE I — 56
The lethal Hawker Hurricane I

II

IL FRONTE DELL'AFRICA SETTENTRIONALE: IL 155° GRUPPO AUT. C.T. IN AZIONE — 82
North Africa: the 155° Gruppo Aut. C.T. in action on the front

IL 20° GRUPPO AUT. C.T. SUL FRONTE AFRICANO — 100
The 20° Gruppo Aut. C.T. in the Africa theatre

IL TRIONFO DEL SERG. MAGG. PILOTA ALDO BUVOLI — 106
The triumph of Sergente Maggiore Pilota Aldo Buvoli

IL 155° GRUPPO AUTONOMO C.T. DI NUOVO IN LINEA DI COMBATTIMENTO — 110
The 155° Gruppo Autonomo C.T. back in the line of fire

ANCORA FIAT G.50 NEI CIELI DI GUERRA! **136**
FIAT G.50 in combat operations once again!

FIAT G.50: VERSIONI E VARIANTI **152**
FIAT G.50: versions and variants

III
DESCRIZIONE TECNICA **162**
Technical description

IV
I MODELLI DEL FIAT G.50 **168**
The FIAT G.50 models

BIBLIOGRAFIA
Bibliografy

Prefazione

Nella storia della travagliata Regia Aeronautica, vissuta per ventitre anni tra luci ed ombre, forse più le seconde che le prime, checché ne pensino gli assertori e i menzogneri delle italiche virtù guerriere, il FIAT G.50 occupa un posto inquietante e molto sgradito tra la progenie dei caccia italiani, pochi nel tempo all'altezza del contesto tecnico-bellico, se si escludono le tardive presenze dei famosi "Caccia della Serie 5".

Prodotto con impegno, ma con scarso senso della tecnica moderna, pur imperante già in altre nazioni a noi vicine, fatalmente la Gran Bretagna, contro la quale ci si trovò in guerra, il FIAT G.50 tentò di inserirsi nello spoglio scenario dei caccia italiani dei primi anni del conflitto, non riuscendo in molte circostanze, se non in poche, sporadiche situazioni individuali, a prevalere sull'aviazione dei nostri avversari, i piloti della RAF prima di tutti, che umiliarono e surclassarono più volte l'ardore e lo spirito dei nostri pur volenterosi aviatori.

Da molti definito finanche, con severità, un autentico "ferro da stiro con le ali", il FIAT 50 delle due versioni principali, serie normale e "bis", fu presente su molti fronti ove fu impegnata la Regia Aeronautica, dai cieli di casa a quelli delle rigide contrade del Belgio, nell'illusoria pretesa di partecipare alla "Battle of Britain", in un ambiente bellico immenso, nel quale i poveri monoplani italiani non riuscirono nemmeno a sparare un solo colpo di mitragliatrice contro aerei del Regno Unito!

Più drammatica la loro presenza sul fronte greco-albanese, ove ebbero a misurarsi dapprima con la modesta aviazione ellenica, poco dopo con l'onnipresente RAF, giunta in soccorso dei loro alleati, affrontando gli aviatori italiani inizialmente con i pur mediocri Gloster Gladiator e di seguito con gli ottimi Hurricane, anche se si trattava d'aerei da caccia nati cinque anni prima della realizzazione del pomposo FIAT G.50!

Lo scacchiere libico-egiziano fu per molti reparti della Regia Aeronautica dotati di FIAT G.50 "bis" un autentico calvario di sconfitte e mortificazioni.

Nel ricordo dei nostri Caduti il rammarico di non aver potuto offrir loro un velivolo degno di questo nome, poiché il FIAT G.50 fu l'espressione più triste e più sconfortante per tutti i piloti della Regia Aeronautica!

L'Autore ha avuto l'onore e l'occasione di incontrare, nei suoi 33 anni trascorsi nell'Arma, molti veterani di guerra, ottenendo da questi una variegata impressione sul FIAT G.50, la più frequente, però, quella della nullità sulle prestazioni del caccia, ma altri, pochi in verità, hanno avuto l'ardire di considerarlo un caccia all'altezza dei tempi, non sapendo se questo fosse confuso col periodo della .....1^ Guerra Mondiale e non della 2^, che ci vide perdenti in ogni cimento. Pur se del FIAT G.50 si è detto di tutto o il contrario di tutto, non rappresentando più una novità bibliografica, giacché la sua storia è già nota, pochi Autori hanno avuto il senso della misura e della realtà nel presentare il velivolo nelle vesti e nei compiti in cui si volle far operare, citando a denti stretti gli insuccessi, mortificanti, amari, drammatici, umilianti, che subirono gli aviatori italiani, cercando a tutti i costi inesistenti vittorie e alla fine stilare finanche delle improbabili liste di "Assi di Guerra", traendo gli spunti dalle Relazioni di Guerra dei nostri reparti, ancora oggi custoditi presso l'Ufficio Storico dello SMAM, veri monumenti da trattare con la dovuta cautela o dai Libretti di Volo di tanti piloti, alcuni dei quali hanno alterato, forse in buona fede, le loro registrazioni a guerra finita. Ci si riferisce soprattutto a coloro che, rientrando dai campi di prigionia, vollero "ricostruire" le loro azioni affidandosi alla memoria, usando poi timbri e avallo di firme d'epoche diverse, sicuramente contrastanti!

PREFACE

In the history of the embattled Regia Aeronautica, which passed through twenty three years of light and shade, perhaps more of the latter than the former in the opinion of those who with hindsight judge the fighting qualities of the Italian people, the FIAT G.50 occupies an unfortunate position in the genesis of Italian fighter development. Few of the fighters produced were at the forefront of technological or military development, with the exception of the arrival, only late in the Italian's war machine, of the famous 'Series Five' fighters.
Produced by dedication, but with little evidence of the modern technology that was at the forefront of the aviation industries of neighbouring countries, most notably that of Great Britain, with whom, fatally, Italy was to find itself at war, the FIAT G.50 was thrown into the complicated Italian fighter scenario of the early war years, and scarcely managed in any circumstances, except for a few sporadic individual situations, to prevail over the air forces of Italy's enemies, the R.A.F.'s pilots first amongst all, who on many occasions humiliated and outclassed the spirit and ardour of the always willing Italian aircrew.
Harshly described by many as an 'iron with wings', the two main variants of the FIAT 50, normal and "bis"(second), served on the many fronts where the Regia Aeronautica was engaged, from the home skies to the ordered countryside of Belgium, on the illusory pretext of participation in the "Battle of Britain", in an immensely hostile environment, within which the poor Italian monoplane failed to fire one single machine gun round against aircraft of the United Kingdom.
Even more dramatic was their permanence in the Greek and Albanian theatres, where they were matched initially against the modest Greek air force, shortly followed by the ever-present RAF, coming to the rescue of their allies, and confronting the Italian aircrew initially with their mediocre Gloster Gladiator, and later with the excellent Hurricane. These, however, were aircraft created some five years before the realisation of the pompous FIAT G.50!
The battlefields of Libya and Egypt were, for many units of the Regia Aeronautica equipped with the FIAT G.50 "bis", an authentic succession of defeats and death.
The memory of the Italian fallen is embittered by the fact that they were not offered an aircraft that could match their courage and sense of duty. In this light, the FIAT G.50 was the saddest and most discomforting expression of all the sacrifice of the pilots of the Regia Aeronautica!
During his 33 years service in the Italian air force, the author had the honour and opportunity to meet many veterans of the War, gaining from them a variety of impressions of the FIAT G.50. The most frequently related was dismay over the poor performance of the fighter, but others, few it has to be said, had the courage to judge it as a fighter that was the best of its era, not realising that in truth its performance in this light was more aligned to machines from the First, rather than the Second World War. Despite the fact that the FIAT G.50 has attracted the attention of historians who have written a great deal, and also in some cases, very little, and not offering this work as a definitive historical work, as the history of the type has been gone over many times in the past, few authors have been able to offer the measure and reality to present the aircraft in the arenas and role in which it operated, recording with clenched teeth the failures, the sacrifices, bitterness, traumas, and humiliations which were suffered on the Italian airmen, striving at all costs for inexistent victories. And in the end, authors have even drawn up incredible lists of 'War Aces', sourcing their material from the "Relazioni di Guerra" provided by the Italian units, stored to this date in the Ufficio Storico of the SMAM, monuments to forlorn hope, or from the Libretti di Volo [log books] of many pilots, some of whom have altered, perhaps in good faith, records at the end of the war. Some of these, returning from prison camps, have attempted to 'reconstruct' their operations, relying on memory, but supported by official stamps and signatures from different eras, which highlights the inconsistencies in their records.

La nascita del Fiat G.50

Non è possibile affermare come il FIAT G.50, nelle due versioni, quella di serie normale, con quella definita "bis", sia stato un caccia apprezzato e gradito dai piloti italiani, costretti ad utilizzarlo nel momento cruciale della 2^ Guerra Mondiale, quando si trovarono impegnati su molti fronti di guerra, da quelli del Nord europeo, alle lande aride e abbaglianti dello scacchiere africano, quasi in contemporanea a quello più ostico dei Balcani e dell'intero continente italiano, isole comprese, impegnati contro avversari più agguerriti e soprattutto dotati di velivoli tecnicamente superiori!

L'amaro ricordo di molti cacciatori della Regia Aeronautica, molti ancora viventi, non fu mai improntato su apprezzamenti docili e piacevoli, quanto piuttosto scoraggianti, in qualche caso persino "dispregiativi", poiché non a caso qualcuno definì il FIAT G.50 un autentico *ferro da stiro con le ali*!

I presupposti della nascita del FIAT G.50 coincisero col momento più

L'esemplare prototipo del FIAT G.50, con M.M.334 (Foto A.M.)

The FIAT G.50 prototype wearing M.M.334 during its early flight tests

importante dello sforzo tecnico-industriale dell'Italia e di quanti, nel campo dell'industria aeronautica si sforzavano allora, sia pure con commovente slancio e passione, di mutare vecchie e superate formule, alle quali la Regia Aeronautica sembrava non voler ancora staccarsi. Alla fine degli anni trenta, infatti, imperava ancora la formula *biplana*, anche se nessuno disconosceva in questa una tradizione più che mirabile ed un passato glorioso. Biplani come la progenie dei FIAT della serie trenta, possono non riportare ancora oggi alla mente le glorie del tempo, soprattutto nel campo della specialità più cara e più esaltante dell'epoca: *l'acrobazia aerea*, attraverso le spettacolari Pattuglie di quel tempo, conosciute ed apprezzate in tutto il mondo, ma poi anche in campo bellico, con l'occasione della sanguinosa Guerra Civile di Spagna, dove il FIAT CR 32, dagli spagnoli definito il *Chirrì*, per una deformazione fonetica delle sigle, riuscì più volte a tenere testa a velivoli tecnicamente più dotati.

The creation of the Fiat G.50

It is impossible to claim that the FIAT G.50, in its two versions, the normal series, and that classified as 'bis', was, for the Italian pilots forced to utilise it at a crucial stage of the Second World War, a welcome and appreciated fighter. The aircraft was deployed to many fronts during the War, from Northern Europe to the arid and deserted lands of the African theatre, to the difficult Balkan sector, and over the entire Italian homeland, islands included: in all these areas, the fighter would be pitted against more determined adversaries, above all operating aircraft that were definitely technically superior.

The bitter memories of many Regia Aeronautica fighter pilots, many still living, were never centred around an appreciation of the G.50's docile and pleasant flying qualities, but reflected their disappointment with, and in some cases marked hostility towards, the aircraft, and in the minds of some of the veterans the FIAT G.50 was nothing more than an 'winged smoothing iron'.

Un'altra immagine del prototipo del FIAT G.50, con fascia scura al centro di fusoliera (Foto Ufficio Storico Fiat Aviazione)

Another view of the prototype FIAT G.50, with a dark oblique mid-fuselage band

The circumstances laying behind the creation of the FIAT G.50 coincided with the most important moment of Italian techno-industrial development, as the national aviation industry, with well-intentioned verve and audacity, was attempting to move away from the old and outdated formulae to which the Regia Aeronautica seemed inexorably committed. At the end of the thirties, in fact, the biplane formula still reigned supreme in the Italian aviation technical mentality, based on an established tradition of success and their glorious past. Images of biplanes such as Fiat's 'thirty series' today cannot evoke the emotions that were present in that era, above all in the speciality most treasured and exalted by the Italian airmen, that of aerobatics. The preceding period had been characterised by spectacular aerobatic teams, recognised and appreciated by a worldwide audience. On the battlefield, biplanes had established their reputation during the occasion of the bloody Civil War in Spain, where the FIAT CR 32, known by the Spaniards as the Chirrì

L'illusoria preponderanza di quel piccolo e sgusciante biplano del tempo, riuscì in un certo modo a condizionare la spinta evolutiva di alcune ditte italiane, prima fra tutte la FIAT, che continuò a produrre il CR 32 fino al mese di maggio del 1939. Infatti, in quell'anno furono consegnati gli ultimi cinquanta esemplari della versione "*quater*" (M.M.4618-4667), per soddisfare il Contratto N.607, per un valore di Lire 9.900.000. Non a caso alcuni reparti della Regia Aeronautica iniziarono il secondo conflitto mondiale utilizzando proprio il CR 32, che incredibilmente colse persino qualche successo!

Altrettanto prolifica la costruzione del FIAT CR 42, protrattasi fino al giugno del 1943, alla vigilia dello sbarco degli Alleati in Sicilia, quando la Regia Aeronautica ricevette gli ultimi 150 esemplari (M.M.9768-9917), facenti parte della Commessa del 1°Settembre 1942 – Contratto N.3461 per n.150+2 biplani - fissato sulla cifra di ben 51.987.372 di Lire!

In seguito ad alcune esperienze non troppo felici fatte in terra di Spagna, a parte l'*exploit* di diversi aviatori italiani, nasceva in quel tempo nello stesso Ministero della Regia Aeronautica, nell'apposito Ente di competenza, la necessità di orientare la creazione delle "nuove" macchine italiane sulla formula monoplana, ridotta negli ingombri e se possibile con una dotazione d'armamento adeguato, croce e delizia d'ogni soluzione tecnica delle industrie italiane del tempo!

Presso la FIAT di Torino la progettazione del "G.50" era impostata nel 1935, su iniziativa di un tenace e volitivo ingegnere siciliano,

Vista posteriore dello stesso prototipo (Foto Uff. Storico/Fiat Aviazione)

A rear view of the same prototype

Giuseppe Gabrielli. La sua iniziale progettazione prevedeva di creare un caccia polivalente, con la particolarità di assolvere le funzioni del caccia bombardiere e all'occorrenza quelle del caccia assaltatore. Fermo restando l'ormai favorita intenzione della cellula monoplana, con carrello retrattile, prima novità per i nostri tempi aeronautici, per il G.50 si prevedeva l'installazione di un armamento misto, formato

FIAT G.50 M.M.3574, quarto esemplare della 1^ Serie costruttiva, con l'evidente prima modifica del complesso tettuccio, in pratica aperto al cielo di Dio! (Foto A.M.)

FIAT G.50 of first series (M.M.3574) with the early open cockpit configuration – open to the elements!

- based on the phonetic pronunciation of the CR prefix - had gained significant victories over more technically superior aircraft.

The illusory preponderance of this small and pugnacious biplane gained at the time was, in a certain way, to condition the evolutionary thrust of some of the Italian manufacturers, and above all FIAT, which continued to produce the CR.32 until the May of 1939. In fact, during that year the final fifty examples of the "quater" version (M.M.4618-4667), built against Contract N.607 at a cost of 9.900.000 Lire, were delivered to the Regia Aeronautica. It was not by chance that some units of the Regia Aeronautica entered the Second World War still equipped with the CR 32, and some incredibly managing to use it to gain some successes!

Construction of the FIAT CR 42 biplane fighter was equally prolific, continuing until the June of 1943....until the eve of the Allied landing in Sicily, when the Regia Aeronautica received its last 150 examples (M.M.9768-9917), forming a part of an order dated 1 September 1942 - Contract N. 3461 for 150+2 biplanes - agreed at a price of 51.987.372 Lire!

In the aftermath of some less than happy experiences in the Spanish theatre, apart from the exploits of several Italian aviators, within the Ministry that parented the Regia Aeronautica an radical new idea was born, recognising the need to re-orient the development of 'new' aircraft for the Italian forces around the monoplane formula, less demanding from a constructional point of view. The Ministero also recognised the requirement for adequate armament, one of the principal failings of the Italian industry during the era.

Design of the "G.50" was initiated by FIAT in Torino during 1935, originating from the initiative of a tenacious and volatile Sicilian engineer, Giuseppe Gabrielli. His initial designs were aimed at creating a multi-role fighter, with the ability to perform the functions of fighter bomber and, contemporarily, the role of assault fighter. The now in vogue monoplane formula was an inevitability, coupled with a retractable

da due mitragliatrici da 12.7 mm, una posta in fusoliera ed una nell'ala sinistra e l'aggiunta di un cannoncino da 20 mm, all'epoca del tipo *Oerlikon*, o da 30 mm, alloggiato nell'ala opposta. A completare quanto il FIAT G.50 avrebbe dovuto svolgere in questi magnificenti compiti di caccia polivalente, non considerando – però – la sua futura, ma fatale ridotta potenza motrice, si prevedeva l'uso di una spezzoniera sub-ventrale, del tipo "Nardi", allora la più in voga in Italia e la presenza di un vano bombe, per la sospensione di ordigni di piccolo e medio calibro. Nel pieno del 1936 la specifica del Ministero della Regia Aeronautica, orientata a far realizzare dalle ditte italiane un caccia da difesa, induceva la ditta torinese a sopprimere l'armamento di caduta, limitandolo solo a quello di lancio, con l'ormai fin troppo sfruttata presenza delle due sole mitragliatrici in caccia, sincronizzate con i giri del motore, altra croce e delizia per tutti i Piloti e gli Armieri dei reparti italiani!

La presenza del giovane Ing. Giuseppe Gabrielli, presso gli Stabilimenti della FIAT Aviazione, risaliva al 1931, quando la ditta torinese aveva creato un secondo Ufficio Tecnico. Il promettente Ingegnere aeronautico siciliano si era laureato al Politecnico di Torino nel 1925, acquisendo l'anno dopo il titolo di *Doktor Ingegnieur*, presso la *Technische Hochshule* d'Aachen, allora diretta dal famoso Prof. Ing. Teodhore von Kàrmàn, il caposcuola per antonomasia, brillante e poliedrico progettista aeronautico d'origini ungheresi. La prima esperienza aeronautica di Gabrielli fu espressa presso la ditta Piaggio, collaborando alla realizzazione della versione metallica del famoso S.55, ma fu con l'ingresso presso la FIAT Aviazione di Torino che potè iniziare la sua lunga attività di progettista, anche se non tutti i suoi "prodotti" poterono definirsi dei veri capolavori di tecnica aeronautica. Tuttavia per l'epoca in cui egli iniziò i suoi studi potremmo assicurare che le sue creazioni portavano già il marchio della concezione moderna, in talune soluzioni anche del futurismo. Partecipò per primo alla realizzazione del trimotore G.2 del 1932, al quale fece seguito il G.5, monoplano, monomotore, dotato di un esteso sistema d'alette ipersostentatrici sul bordo d'attacco e sul bordo d'uscita. Poi si passò al G.8 del 1934. L'anno seguente creò ancora un aereo civile, il G.18, bimotore monoplano, interamente metallico, per velatura somigliante alla famiglia dei famosi "Douglas DC-2 & DC-3" americani, per poi dedicarsi nel 1936 al G.18/V.

Si giunse così al primo cimento di un velivolo militare, della versione caccia, dotato d'ala bassa, interamente metallica. Nasceva allora – come già detto – il FIAT G.50, impostato su quello che fu necessario approntare presso gli stessi stabilimenti torinesi. Ci riferiamo al motore, dissimile da quelli usati fino a quel momento dai più celebri biplani da caccia della FIAT. Fu sviluppato così, dall'A.74, a doppia stella, un propulsore a 14 cilindri, dalla potenza di 840 CV. Non fu propriamente il meglio o l'ideale per un moderno velivolo da caccia ita-

undercarriage, an absolute novelty for Italian aviation design of the period (!), while the G.50 was intended to feature mixed armament, formed by two 12.7 mm machine guns, one in the fuselage and the other on the left wing, joined by a 20 mm cannon, at the time an Oerlikon, or by a 30 mm cannon, housed in the opposite wing. To complete the range of armament that the FIAT G.50 could employ to fulfil the magnificent role of multi-role fighter - despite what would prove in the future to be its significant lack of engine power - the aircraft could accept the Nardi sub-ventral munitions dispenser, much in vogue on Italian aircraft at the time, and additionally featured a bomb bay, where small and medium weight weapons could be housed.

In mid-1936 specifications issued by the Ministero della Regia Aeronautica, aimed at tasking the Italian companies with the creation of an air-defence fighter, induced the Turin firm to discard the munitions dispenser and bomb bay, returning to the classic gun configuration of only two fuselage-mounted machine guns, synchronised with the engine, another sufferance laid on the pilots and armourers of the Italian units.

The presence of the young designer Ing. Giuseppe Gabrielli in the establishment of FIAT Aviazione dated back to 1931, the year in which the Torino firm created a second Ufficio Tecnico (Technical Office). The promising Sicilian aeronautical "Ingegnere" gained his degree at the Torino Politecnico in 1925, and in the following year acquired the title Doktor Ingegnieur at the Technische Hochshule at Aachen, at the time directed by the famous Prof. Ing. Teodhore von Kàrmàn, teacher par excellence, brilliant and multi-talented aircraft designer of Hungarian origin. Gabrielli's early aviation experience was gained with the Piaggio company, where he collaborated in the development of the metal version of the famous S.55, but it was to be his entry into FIAT Aviazione of Torino that enabled him to commence his long design activity, although not all of his products came to be identified as masterpieces of aviation technology. Nevertheless, in the period during which he initiated his studies it can be safely stated than his designs already bore the hallmark of modern concepts, and in some cases of futurism. His first participation was in the production of the G.2 tri-motor of 1932, which was followed by the G.5, a single engined monoplane fitted with an extensive flap and slat system on both leading and trailing edges of the wing. He then turned to the G.8 in 1934. In the following year he designed another civilian aircraft, the G.18, an all-metal twin engined monoplane which bore a marked similarity to the family of the famous American "Douglas DC-2 & DC-3". In 1936 he dedicated himself to the G.18/V.

It was at this point that Gabrielli turned his attention to a military aircraft, a fighter, featuring a low wing and all-metal construction. So was born, as has been related, the FIAT G.50, centred around that which it was necessary for the same Torino factory to prepare. This was the

liano, quando era risaputo come l'Italia avesse già creato propulsori di altra potenza, soprattutto per i famosi idro-caccia da competizione, impiegati durante le indimenticabili *Coppe Schneider*. Tuttavia il nuovo motore era l'A.74 RC-38, impostato in contemporanea sul progetto del nuovo caccia. Il propulsore garantiva una velocità di 460 km/h a 3.500 metri slm.

Nel pieno dell'estate del 1936 iniziava la produzione del FIAT G.50, secondo le specifiche del Ministero della Regia Aeronautica, dopo che l'Ing. Giuseppe Gabrielli aveva apportato varie modifiche al progetto iniziale, affidando la realizzazione alle Officine della CMASA (Costruzioni Meccaniche Aeronautiche S.A.) di Marina di Pisa. Era il Centro dove l'Ing. Claudius Dornier aveva realizzato i suoi famosi idrovolanti *Wal*, Centro venduto alla FIAT nel 1931.

Nel febbraio del 1937 il primo esemplare, prototipo, del nuovo caccia, con Numero di Commessa 1, subito dopo dotato della M.M.334, venne trasportato a Torino, dove il giorno 26 dello stesso mese eseguì il suo primo volo di collaudo alla guida del Comandante Giuseppe De Briganti. Precisiamo che in questo primo cimento De Briganti raggiunse una velocità massima di 472 km/h, riuscendo a portarsi a 6000 metri di quota in 6' e 40". A questo primo volo seguirono numerosi altri collaudi, tutti effettuati sul campo torinese, finché nell'estate del 1937 l'aereo tornò sull'aeroporto di Pisa S. Giusto, dove la CMASA aveva un proprio campo di volo. Successivamente l'aereo fu portato a Guidonia, presso il Centro Sperimentale della Regia Aeronautica, per essere sottoposto a quella che rappresentava per tutti i velivoli dell'epoca.... *l'accettazione militare*. Superate le "prove", il Ministero della R.A. ordinava un primo lotto di 45 velivoli, volendo, però, prima di passare ad un ordinativo più massiccio, una valutazione

Uno dei primi FIAT G.50 con mimetica a reticolo fitto (Foto A. Vigna)

One of the early FIAT G.50 with the dense camouflage scheme

Primi FIAT G.50 di serie assegnati al 51° Stormo C.T. di Ciampino Sud (Foto A.Vigna)

The first FIAT G.50 assigned to the 51st Stormo C.T. at Roma Ciampino South

engine, very dissimilar to those used up to then on the celebrated FIAT series of biplanes. A 14 cylinder radial was developed from the twin row A.74 engine, producing 840 hp. It was not the best or most ideal for a modern Italian fighter aircraft, as it is recognised that Italy had already developed engines delivering much greater performance, above all for the famous seaplane racers produced to compete in the unforgettable Schneider Cup. Nevertheless, the new engine, designated A.74 RC-38, was developed in tandem with the new fighter project. The engine was intended to deliver a speed of 460 km/h at 3,500 metres AMSL.

In mid-summer 1936 production of the FIAT G.50 was launched, following specifications issued by the Ministero della Regia Aeronautica, and after Ing. Giuseppe Gabrielli had introduced some modifications to the initial; design. Construction was entrusted to the workshops of CMASA (Costruzioni Meccaniche Aeronautiche S.A.) at Marina di Pisa. This was the Centre where Ing. Claudius Dornier had produced his famous Wal flying boats, and had been sold to FIAT in 1931.

In February 1937 the first example of the new fighter, the prototype, designated by the company construction number 1, and quickly assigned the M.M. [Matricola Militare – Military Serial] 334, was transported to Torino, where on the 26th of the same month it performed its first test flight, with Comandante Giuseppe De Briganti at the controls. During this first sortie, De Briganti reached a maximum speed of 472 km/h, and managed to climb to 6000 metres in 6 minutes 40 seconds. This first flight was followed by numerous additional trial flights, all flown from the Torino airfield, these continuing until the summer of

comparativa con il nuovo caccia allestito dall'Aermacchi, l'MC.200, il cui primo volo di collaudo era previsto per la fine dell'anno.

Non possiamo non citare la triste fine del capo collaudatore del FIAT G.50, l'importante Comandante Giuseppe De Briganti, schiantatosi al suolo al sesto volo di valutazione con il secondo prototipo (M.M.335), quando il 20 ottobre 1937 non riuscì a rimettersi in linea da un'affondata ad alta velocità!

Dopo questo grave incidente furono apportate alcune modifiche alla deriva e agli alettoni, al fine di offrire al velivolo una maggiore stabilità ed un più facile controllo negli assetti, soluzioni che sembrarono offrire qualche lieve miglioramento. Tuttavia, nonostante qualche "perplessità" negli ambienti militari, la Regia Aeronautica era orientata ad adottare il velivolo. Così per la storia diremo che il 4 febbraio 1939 decollava da Guidonia un Caproni Ca 310, recante a bordo tre Ufficiali piloti della Regia Aeronautica, i Tenenti Mantelli, Sant'Andrea e Beretta, diretti a Pisa, incaricati di ritirare i primi tre esemplari di FIAT G.50 (M.M. 3570/3571/3572).

A Guidonia, dove i collaudi del nuovo velivolo imposero un ciclo più intenso, cominciarono ad emergere le prime amare esperienze per i giovani piloti militari, prime fra tutte per gli stessi collaudatori con le stellette, l'instabilità! L'aereo, come ricordava il grande Adriano Mantelli, aveva il grave difetto di entrare facilmente in "*autorotazione*", pericolosissima a bassa quota, ove era impossibile rimetterlo in linea. Meno temibile a quota superiore. Fu proprio a Guidonia che durante una visita d'illustri personaggi del tempo, tra questi lo stesso Re Vittorio Emanuele III, accompagnato dal Capo del Governo, Benito Mussolini, accadde una grave sciagura, proprio nel momento in cui tre FIAT G.50 effettuavano un passaggio radente sulle tribune d'onore. In volo si trovavano piloti di una certa esperienza, quali il Magg. Mario Bonzano, i Tenenti Beretta e Marasco, tutti rimasti coinvolti nell'improvvisa "*autorotazione*" del velivolo di Beretta, che era uscito di formazione e si era abbattuto sopra il capannone del Laboratorio esplosivi. Lì trovarono morte istantanea lo stesso pilota e un generoso operaio civile, che si era lanciato istintivamente verso il luogo dell'impatto, nel momento in cui il Laboratorio saltava in aria!

Altri difetti il FIAT G.50 li denunciava nel suo sgradito tettuccio, non soltanto perché poneva i piloti nell'inusuale posizione di sentirsi "chiusi", abituati fino a quel momento alla sportivissima cabina dei biplani, aperti al cielo di Dio, ma anche perché il tettuccio costruito in plexiglass di scarsa qualità, era facilmente portato a incresparsi. Questo limitava la visibilità, di per sé già precaria, oltre ai ripetuti bloccaggi durante le manovre per lanciarsi col paracadute. Questi due gravi difetti, che in molti piloti indussero addirittura fenomeni di "claustrofobia", costrinse la FIAT ad abbandonare l'uso del tettuccio chiuso, limitandosi a dotare l'abitacolo di due sportellini laterali, quasi alla stessa maniera del Macchi MC.200. Anch'esso si era trova-

1937 when the aircraft returned to the airfield at Pisa S.Giusto, where CMASA had its own flight test facility. Subsequently, the aircraft was taken to Guidonia, home of the Centro Sperimentale of the Regia Aeronautica [Royal Italian Air Force test Centre], where it was subjected to a process common to all Italian military aircraft of the time.... accettazione militare – military acceptance. On passing this test, the Ministry ordered an initial batch of 45 aircraft, but decided, prior to the confirmation of a larger follow-up order, to conduct a comparative evaluation with Aermacchi's new fighter, the recently developed C.200, the first flight of which being programmed for the end of the year.

It was during the trial phase that the chief test pilot of the FIAT G.50, the important Comandante Giuseppe De Briganti, sadly lost his life, crashing into the ground on the sixth evaluation flight of the second prototype (M.M.335) on 20 October 1937 after failing to recover from a high speed dive.

After this bad accident some modifications were made to the fin and elevators, aimed at delivering enhanced stability and easier control whilst in this attitude, solutions which seem to offer a slight improvement. Nevertheless, and despite some concerns in military circles, the Regia Aeronautica was intent on adopting the aircraft, and history relates that on 4 February 1939 a Caproni Ca 310 departed Guidonia for Pisa carrying three Regia Aeronautica officer pilots, Tenenti Mantelli, Sant'Andrea and Beretta, tasked with collecting the first three examples of the FIAT G.50 (M.M.3570/3571/3572).

At Guidonia, where the new aircraft was subjected to an intense evaluation cycle, the first bitter experiences began to emerge amongst the young military pilots, and the over-riding preoccupation for the military test pilots was…instability! The aircraft, as remembered by the famous Adriano Mantelli, had the grave defect of easy entry into "autorotation" – un-commanded spinning , highly dangerous at low level, from where recovery was impossible. At higher altitudes, the problem was less severe. Guidonia was additionally the setting when during a visit of some illustrious guests, amongst which featured King Vittorio Emanuele III accompanied by the head of Government, Benito Mussolini, another tragedy occurred, just at the moment when a flight of three FIAT G.50 were making a low fast pass in front of the VIP grandstand. Flying the aircraft were experienced pilots, Magg. Mario Bonzano, and Tenenti Beretta and Marasco, but during the pass the aircraft flown by Beretta entered an un-commanded spin, left the formation, and crashed onto the roof of the explosives laboratory. The pilot died instantly, while a brave civilian employee, who had run instinctively towards the point of impact to help the unfortunate pilot, was also killed when the facility exploded.

Further reported defects in the FIAT G.50 surrounded the unpopular cockpit configuration, not only because it instilled into the pilots an unaccustomed 'enclosed' feeling, as up to that time they had become

FIAT G.50 "bis" (M.M.5944) pronto alla consegna (Foto A.M.)

FIAT G.50 "bis" ready for delivery

to coinvolto nel *travaglio* dell'iniziale tettuccio chiuso, ma nel frattempo quest'ultimo nuovo monoplano aveva superato ogni prova, mostrando di possedere qualità leggermente superiori rispetto al velivolo dell'Ing. Giuseppe Gabrielli, soprattutto perché aveva risposto alle caratteristiche richieste dagli Uffici competenti dello Stato Maggiore della Regia Aeronautica.

L'ESORDIO OPERATIVO DEI FIAT G.50

Con i primi dodici esemplari della cosiddetta pre-serie, tratti dai quarantacinque velivoli ordinati dalla Regia Aeronautica, fu costituito un Gruppo Sperimentale. Si era alla fine del mese di febbraio 1939 e sul suolo di Spagna non era ancora cessato il sanguinoso conflitto civile, perciò lo Stato Maggiore ritenne opportuno inviare questo nucleo proprio in terra iberica, al fine di poter saggiare dal vivo le qualità tecniche e belliche del nuovo velivolo. Nel Gruppo Sperimentale, posto al comando del Magg. Pilota Mario Bonzano, si trovarono fior fiore di piloti italiani, abilitati da mesi a pilotare quello che non tutti sembravano apprezzare e gradire. Sicuramente il G.50 era "inquietante", poco affidabile, dotato ancora di quel poco apprezzato tettuccio chiuso, la cui modifica doveva realizzarsi l'anno dopo, a guerra già iniziata!

Smontati e spediti via mare, col solito sistema della severa "*riservatezza*" per nulla ignorata dagli avversari, i dodici FIAT G.50 vennero riassemblati sull'aeroporto di Reus e alla metà del mese di marzo rischierati sul campo di Escalona, posto a meno di 80 chilometri da Madrid.

Sui velivoli, naturalmente esaltati più del dovuto dalla propaganda del tempo, vennero impressi i segni distintivi dell'Aviazione Legionaria, costituiti per primo dal numero di *codice base*, assegnato a ciascun

FIAT G.50 "bis" tipo A.S. (Africa Settentrionale), con ogiva modificata e filtro antisabbia tipo "Cerbetta", necessario per l'impiego in zone sabbiose (Foto A.M.)

A FIAT G.50"bis" A.S., modified for African use, with a new spinner and "Cerbetta" anti-sand filter, obligatory in the desert environment

used to the more 'sporty' cockpits if their biplanes, open to God's sky, but also because the canopy was constructed from plexiglass, and of very poor quality, prone to cracking which limited visibility. Additionally, the entire canopy structure suffered repeated blockages during attempts to open it prior to abandoning the aircraft. These two major defects, which for many pilots even constituted the symptoms of claustrophobia, forced FIAT to abandon the use of the enclosed cockpit, modifying the configuration to two small lateral door flaps, similar to the Macchi C.200. This fighter had also suffered from disaffection with the initially enclosed cockpit, but in the meantime had overcome every trial, demonstrating slightly greater qualities than Ing. Giuseppe Gabrielli's aircraft, and coincidentally meeting each of the requirements that had been laid down by the competent offices of the Regia Aeronautica Stato Maggiore.

The FIAT G.50's operational debut

The first twelve examples of the so-called pre-series, taken from the initial batch of forty-five aircraft ordered by the Regia Aeronautica, were used to form a Gruppo Sperimentale (Experimental Squadron). It was created at the end of February 1939, and because the bloody civil war on Spanish soil had yet to end, the Stato Maggiore considered it opportune to send the unit to Iberian territory with the intention of evaluating the technical and operational qualities of the new aircraft in the field. The Gruppo Sperimentale, placed under the command of Magg. Pilota Mario Bonzano, contained the cream of Italian fighter pilots, who for months had been qualified to fly an aircraft that not all seemed to welcome or appreciate. The G.50 was surely "disquieting", unreliable, and still fitted with the much despised enclosed cockpit, the modifications to which would only commence one year later, and with the war already commenced!

FIAT G.50/V, un tentativo mancato da parte della FIAT Aviazione, intenzionata ad utilizzare la riproduzione del motore DB 601/A da 1175 CV, in pratica l'Alfa Romeo RA 1000, costruito su licenza, su cellula di un normale G.50 "bis" ritoccato nella sua velatura essenziale (Foto C. Lucchini)

velivolo nazionalista, per il FIAT G.50 il numero uno, già presente sui Nieuport 52, una forzata "coabitazione", in quanto non si ritenne opportuno seguire la progressione numerica, che avrebbe portato il nuovo arrivato a fregiarsi del numero *74*, dato che il precedente era stato destinato al Cant-Z 506B. Al numero base, seguiva il codice di fusoliera, progressivo, dall'uno al dodici. Una particolarità per il velivolo del Comandante Mario Bonzano, che si fregiava di una fascia bianca trasversale sulla parte bassa della fusoliera. Immancabile Croce di Sant'Andrea sul timone di direzione e tondo nero al centro della fusoliera, ove più tardi fu impresso il fascio di frecce. Quale segno distintivo un riquadro con l'*Asso di Bastoni*, precisando che tale Gruppo Sperimentale fu aggregato al 23° Gruppo Caccia Legionario, equipaggiato con FIAT CR 32 e di per sé dotato dello stesso emblema.

Per la storia diremo che non è affatto vero che i FIAT G.50 del

The FIAT G.50/V, a failed attempt by FIAT Aviazione to use an Italian-constructed version of the DB 601/A 1175hp engine, the Alfa Romeo RA 1000, in the airframe of a suitably reconfigured normal G.50"bis"

Gruppo Sperimentale presero parte ad operazioni belliche importanti, in quanto furono portati, a mo' di *"trofei propagandistici"*, da un aeroporto all'altro della Spagna nazionalista. Altrettanto falso e completamente inventato dalla propaganda di guerra e del regime, è l'epico duello aereo che il 18 settembre 1938 il Tenente Pilota Bruno Mussolini, figlio prediletto del Duce, avrebbe sostenuto, proprio pilotando un FIAT G.50, che non poteva trovarsi ancora in terra di Spagna in quella data, con un Polikarpov I-16 "*Rata*" ai comandi di un cacciatore repubblicano, il mercenario canadese Darek Dickinson! Tale smentita fu più volte asserita dallo stesso Magg. Pilota Mario Bonzano ed anche dal Com.te del 23° Gruppo Aut. C.T. "*Asso di Bastoni*", l'allora Magg. Pilota Aldo Remondino, poi Generale di S.A. e finanche Capo di Stato Maggiore.

Finita la Guerra Civile in terra di Spagna, tutti i FIAT G.50, come del resto accadde per la quasi totalità dei velivoli italiani inseriti nell'Aviazione Legionaria, furono ceduti all'*Ejercito del Aire*, che per

Dismantled and dispatched by sea, under the usual strict blanket of security...and without any interest from the adversaries, the twelve FIAT G.50 were reassembled at Reus airfield, and in mid-March were redeployed to the airfield at Escalona, located less then 80 kilometres from Madrid.

The aircraft, naturally receiving more attention than they deserved, as was the propaganda fashion of the era, were adorned with the insignia of the Aviazione Legionaria, with identification numbers comprising a basic type prefix from a series assigned to all Nationalist aircraft. For the FIAT G.50 this would be the number one, already issued to the Nieuport 52, but in essence it was a forced compromise, as it was considered inopportune to follow the numeric progression, which would have meant the use of the prefix 74 on the type, as the preceding prefix had been assigned to the Cant-Z 506B. This basic prefix was followed by an individual aircraft number, between one and twelve. On one particular aircraft, flown by the commander Mario Bonzano, there was a transverse white stripe on the lower fuselage. The standard Saint Andrew's cross featured on the rudder, and a black circle was painted on the mid fuselage, later to receive a bindle of arrows. The unit adopted the Ace of Clubs [Asso di Bastoni] emblem, indicating that the Gruppo Sperimentale was linked to the 23° Gruppo Caccia Legionario, equipped with FIAT CR 32, and which had adopted the same emblem. From a historical aspect, the truth is that the FIAT G.50 of the Gruppo Sperimentale were not involved in any important major operations, as they were mainly used on "propaganda tours", flying the rounds of the Nationalist airfields. The G.50 was also the subject of false propaganda initiated by the regime during the war, and which described an epic aerial dual fought on 18 September 1938 between Tenente Pilota Bruno Mussolini, favourite son of Il Duce, who was not actually on Spanish soil at the time, allegedly flying a FIAT G.50 against a Polikarpov I-16 "Rata" against a Republican fighter pilot, the Canadian mercenary Derek Dickinson!

Particolare ravvicinato della prua di un nuovo FIAT G.50 con i primi schemi mimetici (foto R. Sgarzi)

Close up of the noise of a new FIAT G.50 with the first colour scheme

Aeroporto di Reus (Spagna). Il FIAT del Com/te Mario Bonzano, caratterizzato dalla fascia trasversale bianca sul fondo di fusoliera (Foto A.M.)

Reus airfield (Spain). The FIAT G.50 of Commander Mario Bonzano characterised by the transerval white band across the fuselage

la verità apprezzò poco e per nulla i nostri fin troppo propagandati monoplani. Tutto ciò per una serie di dolorose sciagure, che determinarono la radiazione dell'aereo dalle linee di volo spagnole, anche se storicamente è accertato come almeno un esemplare abbia volato, in un reparto decentrato in Marocco, fino al 1943.

Più fortunata la carriera dei FIAT G.50 destinati in Finlandia, dopo che tecnici e piloti di tale nazione erano venuti nel 1938 a Roma, per prendere visione del nuovo monoplano italiano. Valutato positivamente, la Finlandia ordinò 35 velivoli, ma i primi quattordici non poterono essere consegnati prima del gennaio 1940, dopo che un buon gruppo di piloti finlandesi aveva effettuato la prevista transizione sul campo di Ciampino, dove il Tenente Trapuni Harmajia raggiunse un proprio record a bordo di un nostro FIAT G.50, superando di poco gli 800 km/h, dopo un'affondata da 3.500 metri di quota.

I FIAT G.50 assegnati all'aviazione finlandese furono incorporati nell'HL/LV 26 (*Lentolaivue 26 – 26° Gruppo da Caccia*), decentrato a Haukkajarvi, pur se qualche pubblicazione li cita sulla base di Utti, dove fu inviato anche un pilota della Regia Aeronautica, per completare l'intenso addestramento iniziato in Italia. Si trattava del Tenente Carlo Cugnasca, proveniente dai ranghi del 51° Stormo C.T., il nuovo reparto nato da poco sull'aeroporto di Ciampino Sud (1° ottobre 1939) e primo fra tutti ad essere dotato proprio di FIAT G.50.

I piloti finlandesi furono assai attivi durante la ripresa delle ostilità con la Russia, cogliendo qualche lusinghiero successo volando e operando proprio con i nostri monoplani.

I FIAT G.50 NEI REPARTI DELLA REGIA AERONAUTICA

I primi FIAT G.50 destinati alla Regia Aeronautica, che nel frattempo, nonostante l'affermazione del Macchi MC.200, vincitore del Concorso Ministeriale, aveva ordinato 200 esemplari alla FIAT, raggiunsero i Gruppi 20° e 21°, in organico bellico nel 51° Stormo Caccia Terrestre, come già detto decentrato sull'aeroporto di Ciampino Sud. Era l'autunno del 1939 ed il nuovo reparto da caccia

At the conclusion of the Spanish Civil War, all the FIAT G.50, along with the majority of the Italian aircraft assigned to the Aviazione Legionaria, were ceded to the Ejercito del Aire, which in truth was not very impressed with the much vaunted Italian monoplane. The aircraft was involved in a series of tragic accidents which accelerated the retirement of the type from the Spanish arsenal, although it is known that at least one example was operational with a unit deployed in Spanish Morocco until 1943.

The career of the FIAT G.50 supplied to Finland was more successful. The Scandinavian nation had sent pilots and engineers to Roma in 1938 to examine the new aircraft. Following a positive evaluation, Finland ordered 35 aircraft, but the first fourteen were not delivered until January 1940, when a group of Finnish pilots completed the requisite conversion course at Ciampino. During this course, Lieutenant Trapuni Harmajia established a speed record on board an Italian FIAT G.50, achieving just over 800 km/h during a dive from 3,500 metres altitude.

The FIAT G.50 delivered to the Finnish Air Force were issued to HL/LV 26 (Lentolaivue 26 – 26th Fighter Squadron), based at Haukkajarvi, although some publications state that the base was Utti. A Regia Aeronautica pilot was posted to Finland to complete the intense training that had been initiated in Italy. This was Tenente Carlo Cugnasca, drawn from the ranks of the 51° Stormo C.T., a new unit recently created at Ciampino Sud airfield (1 October 1939), and the first Italian unit to receive the FIAT G.50.

The Finnish pilots were very active during the resumed hostilities with Russia, and used the Italian fighter to gain some notable successes.

The FIAT G.50 in Regia Aeronautica unit service

The first FIAT G.50 destined for the Regia Aeronautica, which in the meantime, despite the affirmation of the Macchi MC.200 as victor of the Ministerial Competition, had attracted an order for 200 examples from FIAT, reached the 20° and 21° Gruppo, both part of the structure of the 51° Stormo Caccia Terrestre, based on the airfield at Ciampino Sud. It was the autumn of 1939 and the new Italian fighter unit, shortly after receiving its new equipment, commenced an intense training programme. Later, on the eve of the Second World War, the monoplane as also assigned to the 52° Stormo C.T., organised around the 22° and 24° Gruppo, stationed until August 1938 at Roma's Ciampino Sud airfield, and subsequently relocated to Tuscany.

For those who in none too distant years later had the chance to converse with the pilots of the 51° Stormo Caccia, the FIAT G.50 never provoked great enthusiasm amongst them. It was a squat and heavy

italiano aveva già ricevuto i primi FIAT G.50, con i quali i piloti iniziavano un intenso addestramento. Più tardi, alla vigilia del secondo conflitto mondiale, i monoplani venivano assegnati anche al 52° Stormo C.T., organizzato con i Gruppi 22° e 24°, decentrati fin dall'agosto del 1938 sull'aeroporto di Roma Ciampino Sud, poi spostati in Toscana.

Per quel che ricordavano in anni non troppi lontani i piloti del 51° Stormo Caccia, il FIAT G.50 non produsse mai in loro grandi entusiasmi. Era un velivolo tozzo e pesante, scarsamente veloce e poco maneggevole, soprattutto per coloro che provenivano dai reparti dotati di FIAT CR 32. Permaneva ancora la cabina chiusa, con tutti gli inconvenienti descritti prima. I più, quindi, preferivano volare con il tettuccio aperto, mentre non pochi furono i "guai" causati dalla dimenticanza di estrarre il carrello all'atto dell'atterraggio, data la radicata abitudine di aver sempre volato con aerei a carrello fisso! Gli incidenti o almeno gli "eventi di pericolo" erano all'ordine del giorno.

Al 1° gennaio 1940 venne formata l'8^ Brigata Caccia, nella quale vennero a far parte il 51° Stormo C.T., fermo ancora a Ciampino Sud ed il 52°, con il 22° Gruppo C.T. decentrato sull'aeroporto di Pontedera ed il 24° su quello di Sarzana. Completavano l'8^ Brigata Caccia tre Squadriglie (162^, 164^, 166^) dell'88° Gruppo Autonomo Caccia Marittima, di stanza presso l'idroscalo di Vigna di Valle (Roma). Tale reparto sarà disciolto alla vigilia del conflitto.

L'8^ Brigata Caccia, Unità Aerea incorporata nella 3^ Z.A.T. (Zona Aerea Territoriale) del Lazio e della Toscana, scelse allora un simpatico distintivo: un lupo di colore nero in campo rosso, con il motto *Ad Hostes Hululans*, per il 52° Stormo C.T. e un lupo di colore rosso, in campo nero, con la scritta *Hostibus Terror*, per il 51° Stormo C.T..

Praticamente questi furono i primi segni dell'araldica sul territorio nazionale per i FIAT G.50. Subito dopo il 51° Stormo C.T. adottò uno spiritoso distintivo, nato da vecchie e ben motivate diatribe, a volte non sempre del tutto sportive, con i componenti dei reparti bombardieri, nell'occasione quelli del 12° Stormo Bombardamento Terrestre, unità presente a Roma Ciampino Nord, che all'epoca si fregiava del celebre emblema dei *Sorci Verdi*, stampigliati sulle fiancate alte della fusoliera. E furono quei topini verdi ad innescare una lunga polemica tecnico-sportiva sulle migliori capacità dell'uno o dell'altro velivolo, per gli S.79 del 12° Stormo B.T. sempre vincitori, essendosi trovati a competere unicamente con FIAT CR 32. Non così in una esercitazione sulla Capitale, affidata alla difesa dei primi FIAT G.50, più esplicitamente della 351^ Squadriglia del 20° Gruppo C.T. che riuscirono a prevalere, finalmente, sui trimotori del pur prestigioso reparto. Da qui una celebre frase pronunciata da uno dei piloti della 351^ Squadriglia... *finalmente quei signori dei sorci verdi hanno trovato il loro gatto...* Dalla frase di grande effetto, soprattutto sul piano psico-

Uno dei pochi FIAT G.50 inviato sul fronte spagnolo, poi ceduto a guerra finita all'Ejercito de l'Aire, che lo assegnò al Grupo de Caza 27 (Foto Ejercito del Aire/Via C. Raso)

With the end of Spanish civil war, all the FIAT G.50 that has been sent on the theatre were assigned to the Ejercito de l'Air (Grupo de Caza 27)

aircraft, not overly fast, and not agile, especially in the mind of those who had transitioned from units operating the FIAT CR.32. The enclosed cockpit was still present, carrying all its previously mentioned perceived faults, and most of the aircrew preferred to fly with the canopy open. In addition, there were the inevitable mishaps caused when it was forgotten to lower the undercarriage: it was hard to adjust from the habit of flying a fixed-undercarriage aircraft. Accidents, or at minimum 'potential dangers', were the order of the day.

On 1 January 1940 the 8^ Brigata Caccia [8th Fighter Brigade] was formed, to which were assigned the 51° Stormo C.T., still established at Ciampino Sud, and the 52°, with the 22° Gruppo C.T. detached to Pontedera [near Pisa] and the 24° at Sarzana [near La Spezia]. Completing the structure of the 8^ Brigata Caccia were the three Squadriglie (162^, 164^, 166^) of the 88° Gruppo Autonomo Caccia Marittima [88th Autonomous Maritime Fighter Squadron], based at the seaplane base at Vigna di Valle (on Lake Bracciano, north of Roma). This unit would be disbanded on the eve of the conflict.

The 8^ Brigata Caccia, itself parented by the 3^ Z.A.T. (Zona Aerea Territoriale) which covered Lazio and Tuscany, adopted pleasing insignia for its units: a black wolf on a red background, with the motto Ad Hostes Hululans for the 52° Stormo C.T., and a red wolf on a black background, with the motto Hostibus Terror, for the 51° Stormo C.T.. Practically, these were the first signs of heraldry in national territory for the FIAT G.50. However, shortly after, the 51° Stormo C.T. adopted a new emblem, born from a long running and highly motivated rivalry, sometimes not overly 'sporting', with components of the bomber force, and in particular at the time those of the 12° Stormo Bombardamento Terrestre, which was based at Roma Ciampino Nord. This wing, during the period, carried the celebrated Sorci Verdi emblem, featuring three mice, on the fuselage sides. It would be these innocent three mice that provoked this long technical and professional rivalry between different aircraft and crew capability. The S.79 of the 12° Stormo B.T. had established an unparalleled winning streak, always finding themselves

Coppia di FIAT G.50 della 351^Squadriglia (20°Gruppo/51° Stormo C.T.) in volo addestrativo nei cieli romani (Foto A.M./R. Sgarzi)

A pair of FIAT G.50 of 351^ Squadriglia (20°Gruppo/51°Stormo C.T.) on training mission over the skies of Rome

logico, ci fu chi, quale abile disegnatore, per la storia il Tenente Pilota Vincenzo Sant'Andrea, un emiliano, che procuratosi un carboncino tratteggiò sulle derive del suo G.50 un gattone nero che afferrava e sgominava i tre sorcetti verdi. Chiara allusione sulla vittoria ottenuta sugli S.79 del 12° Stormo B.T.. Era nato il celebre emblema che fu ed è ancor'oggi retaggio del 51° Stormo Caccia Terrestre, pur se i primi topini furono "grigi" e non "verdi", per un compromesso stabilito allora a livello ministeriale, allo scopo di non sminuire la celebre impresa degli aviatori dei *Sorci Verdi*. In ogni caso essi dovettero rassegnarsi a vedere quel loro simbolo svettare sulle derive dei FIAT G.50, per primi quelli del 20° Gruppo, poi di seguito quelli del 21°, che nel versare i monoplani, quest'ultima unità non ritenne opportuno riproporlo sui nuovi caccia in dotazione (FIAT CR 32, FIAT CR 42 e Macchi MC.200), mentre il tenace 20° Gruppo C.T. del Com/te Mario Bonzano lo portò sulle derive dei suoi tozzi aeroplani finanche in Belgio, quando il reparto fu inserito in uno schieramento diverso, negli organigrammi del 56° Stormo C.T., il reparto da caccia presente nella triste impresa italiana della *Battle of Britain*! Fu proprio lassù, su quelle piatte e monotone pianure fiamminghe, che gli uomini del 20° Gruppo C.T. mutarono il colore dei sorcetti dal "grigio" al "verde" e tali rimasero per sempre!

Interessante particolare della fiancata anteriore di un FIAT G.50 del 51° Stormo Caccia Terrestre dove spiccano due particolari elementi: il famoso emblema dell'8^ Brigata Caccia, con il lupo rosso in campo nero, con la scritta "Hostibus Terror", mentre il 52° Stormo C.T. usava lo stesso lupo di color nero in campo rosso, con la scritta "Ad Hostes Hululans". Il secondo elemento è la presenza del guidoncino di comandante di Squadriglia stampigliato accanto all'emblema (Foto A. Mauri)

'competing' with the FIAT CR 32. The turning point came during an exercise over the capital, the defence of which had been assigned to the first FIAT G.50, and in particular those of the 351^ Squadriglia of the 20° Gruppo C.T., which finally managed to prevail over the trimotors of the prestigious bomber unit. What was to become a famous phrase was uttered by one of the fighter pilots of the 351^ Squadriglia.... finally those nobles of the green mice have found their own cat... This striking phrase, which was undoubtedly a great boost to the unit's morale, led one of the aircrew, a skilled artist, for history Tenente Pilota Vincenzo Sant'Andrea (from Emilia), to take a piece of charcoal and draw on the fin of his G.50 a black cat, which was pouncing on and trapping three green mice, in a clear allusion to the victory attained over the S.79 of the 12° Stormo B.T. Thus was born the celebrated emblem which is still carried today by the AMX of the 51o Stormo 'Ferruccio Serafini', although initially the first mice were grey, and not green, following a compromise initiated at ministerial level in an attempt not to diminish the achievements of the airmen of the Sorci Verdi. These, however, in any case had to resign themselves to seeing their symbol being 'abused' on the fins of the FIAT G.50, initially those of the 20° Gruppo, and later the 21°, which having passed on its monoplanes considered it inopportune to paint the emblem on its new fighter fleet (FIAT CR 32, FIAT CR 42 and Macchi MC 200). The tenacious 20° Gruppo C.T. of Comandante Mario Bonzano however, carried the insignia unchanged on its squat aircraft until its deployment to Belgium, when the unit was inserted into a different wing, the 56° Stormo C.T., the unit created for the sad Italian participation in what was to become known as the Battle of Britain! It was there, on the flat and monotonous Belgian countryside, that the men of the 20° Gruppo C.T. altered the colour of their mice from grey to green, and it has remained so to this day.

An interesting close-up of the forward fuselage of a FIAT G.50 of the 51° Stormo Caccia Terrestre, showing two particular features: the famous emblem of the 8^ Brigata Caccia, with a red wolf on a black background and the "Hostibus Terror" motto. The 52° Stormo C.T. used the same wolf, but with the colours reversed, and the motto "Ad Hostes Hululans". The second feature is the pennant of the Squadriglia commander painted alongside the badge

LA SECONDA GUERRA MONDIALE

Alla data del 10 giugno 1940, giorno in cui l'Italia entrava in guerra accanto all'alleato germanico, la Regia Aeronautica disponeva già di 180 FIAT G.50, prodotti fin dal mese di ottobre del 1938, tutti di provenienza CMASA, distribuiti nei due reparti appena accennati, 51° e 52° Stormo C.T.. In pratica si può qui di seguito inquadrarli nel seguente *Ordine di Battaglia*:

51° Stormo C.T. (N. 56 FIAT G.50)   Roma Ciampino Sud
     20° Gruppo C.T. (351^, 352^, 353^ Squadriglia)
     21° Gruppo C.T. (354^, 355^, 356^ Squadriglia)

N.B. La 356^ Squadriglia era stata decentrata fin dal 3 Giugno 1940 sull'aeroporto di Napoli Capodichino, con soli otto FIAT G.50, a difesa del porto, della zona industriale e urbana partenopea, fino a quel giorno priva d'alcun reparto da caccia.

52° Stormo C.T. (N. 32 velivoli fra FIAT CR 32 e G.50)
     Pontedera
     22° Gruppo C.T. (357^, 358^, 359^ Squadriglia)
     Pontedera
     24° Gruppo C.T. (360^, 361^, 362^ Squadriglia)
     Sarzana

N.B. La 360^ Squadriglia in quel momento era nella posizione di "unità quadro".

La prima azione bellica dei FIAT G.50 era opera di nove velivoli del 22° Gruppo C.T., che il 15 giugno 1940 scortavano sei S.79 dell'11^ Squadriglia – 26° Gruppo/9° Stormo B.T. – in azione su Porto Calvi (Corsica). Identica missione per il giorno 17 giugno, quando altri nove esemplari di G.50, appartenenti ancora al 22° Gruppo C.T., scortavano cinque S.79 della 254^ Squadriglia – 105° Gruppo/46° Stormo B.T. – in azione offensiva sull'aeroporto corso di Borgo. La missione era ripetuta il giorno 19, quando sei G.50 scortavano quindici S.79 del 41° Gruppo (12° Stormo B.T.), diretti a bombardare i campi di fortuna posti nelle vicinanze di Ghisonaccia.
Dal 22 giugno 1940 la 357^ e la 358^ Squadriglia del 22° Gruppo C.T. furono dislocate sull'aeroporto di Torino Caselle, per essere impegnate nella scorta di bombardieri in azione offensiva su tutto l'arco alpino occidentale, nel tentativo di smantellare le fortificazioni francesi arroccate sui picchi di confine.
Alla data del 22 luglio 1940 le due unità erano spostate sull'Aeroporto di Ciampino Sud, dove i piloti effettuavano varie par-

The Second World War

On 10 June 1940, the date on which Italy entered the war alongside its German ally, the Regia Aeronautica possessed 180 FIAT G.50, produced since the month of October 1938 by the CMASA factory, and which were distributed amongst the already listed units of the 51° and 52° Stormo C.T.. In practice, they were a part of the following order of battle:

51° Stormo C.T. (56 FIAT G.50)   Roma Ciampino Sud
    20° Gruppo C.T. (351^ , 352^ , 353^ Squadriglia)
    21° Gruppo C.T. (354^ , 355^ , 356^ Squadriglia)

N.B. The 356^ Squadriglia had been, until 3 June 1940, dispersed to Napoli Capodichino airfield, flying only eight FIAT G.50, and assigned to the defence of the port and the industrial and urban areas of the Partenopean region, which up to that time had been without any fighter unit.

52° Stormo C.T. (32 aircraft, comprising FIAT CR 32 and G.50)
    Pontedera
22° Gruppo C.T. (357^, 358^, 359^ Squadriglia)
    Pontedera
24° Gruppo C.T. (360^ , 361^, 362^ Squadriglia)
    Sarzana

N.B. The 360^ Squadriglia was at that time in the position of "unità quadro" – temporarily disbanded.

The first combat mission flown by the FIAT G.50 involved nine aircraft from the 22° Gruppo C.T., which on 15 June 1940 escorted six S.79 of the 11^ Squadriglia – 26° Gruppo/9° Stormo B.T. – on a raid on Porto Calvi (Corsica). An identical mission took place on the 17th June, when another nine 22° Gruppo C.T. examples escorted five S.79 from the 254^ Squadriglia – 105° Gruppo/46° Stormo B.T. – in an attack on the Corsican airfield of Borgo. The mission was repeated on the 19th, when six G.50 accompanied fifteen 41° Gruppo (12° Stormo B.T.) S.79, tasked with bombing dispersal landing sites around Ghisonaccia.
From 22 June 1940 the 357^ and 358^ Squadriglia of the 22° Gruppo C.T. were deployed to Torino Caselle airfield, where they were engaged in the support of bombing operations across the Alpine border in an attempt to destroy the French fortifications which had been constructed on the peaks in the region.
On 22 July 1940 the two units were relocated to Ciampino Sud airfield, from where on several occasions the pilots were scrambled following alerts, although never identifying any targets or engaging any ene-

FIAT G.50 del 51° Stormo C.T. ripresi sul campo di Ciampino Sud (Foto Arch. dell'Autore)

FIAT G.50 of the 51° Stormo C.T. parked 1939 at Ciampino in 1959

tenze su allarme, risultate tutte prive d'avvistamenti o intercettazioni di aerei nemici. Il conflitto italo-francese infatti si era concluso il 24 di giugno, per cui la zona del medio e dell'alto Tirreno era ormai ritornata tranquilla e non più soggetta a possibili attacchi nemici, pur se la RAF non aveva esitato a portarsi già sulla città di Torino e su obiettivi liguri.

La difesa della Capitale era stata assegnata al 51° Stormo C.T. del Com/te Umberto Chiesa, come già visto schierato sull'aeroporto di Ciampino Sud, ad eccezione della 356^ Squadriglia del Cap. Pil. Paolo Maddalena (21° Gruppo C.T.), distaccata fin dal 3 Giugno 1940 sul campo di Capodichino, a difesa dell'area partenopea.

La capacità operativa del nuovo reparto, vale a dire il 51° Stormo C.T., contrassegnato, come già visto, dal simpatico distintivo del *Gatto Nero* e dai suoi *grigi topini* sulle derive, in quel momento era nulla o quasi! Benché vi fosse la presenza di un buon numero di ottimi piloti, almeno in teoria, questi non avrebbero potuto ostacolare alcuna eventuale azione notturna da parte d'aerei nemici, poiché il reparto non era abilitato a svolgere azioni dopo il...calar delle tenebre! Indietro anni luce nelle funzioni di "cacciatori notturni", i piloti della Regia Aeronautica potevano volare solo e soltanto in pieno giorno, spesso orientandosi con punti di riferimento ben precisi, fra questi la *ferrovia*, lungo la quale sapevano trovare la giusta rotta abbassandosi sulle stazioni per leggerne i nomi. Per questo in quel tempo nacque quasi un "neologismo" nelle funzioni operative dei reparti italiani...*la rotta ferroviaria*!

A riprova di quanto si afferma fu proprio dopo pochi giorni l'inizio del conflitto che Roma fu sorvolata in piena notte da uno sgraziato e brutto quadrimotore francese, appartenente all'Aeronavale, più esattamente il "Farman 223-4", battezzato *Jules Verne*, ai comandi di un Ufficiale di Marina francese, il Tenente di Vascello Dailleré, che si limitò, per buona fortuna dei romani e dell'intera città eterna, a lanciare soltanto dei manifestini propagandistici trovati a migliaia, all'indomani, per le vie della Capitale. Nessuno dei FIAT G.50 del 51° Stormo Caccia osò mettere fuori il muso dalla tana dei ricoveri notturni, subendo lo smacco da parte di un antiquato aereo civile, trasformato da poco in bombardiere dell'Armée de l'Air! L'azione di questo temerario ufficiale francese coincise proprio poche ore dopo con la visita della sede di Ciampino Sud in pompa magna, dallo stes-

mies, as the Franco-Italian conflict had concluded on 24th June, leaving the central and upper Tyrrhenian area to return to tranquillity. The region was not at high risk from hostile attack, although the R.A.F. did not hesitate in attacking the city of Torino and some targets in Liguria. The defence of the capital was assigned to the 51° Stormo C.T. led by Umberto Chiesa, and deployed on Ciampino Sud airfield, with the exception of the 356^ Squadriglia under Capitano Pilota Paolo Maddalena (21° Gruppo C.T.), which since 3 June 1940 had been detached to Capodichino airfield to defend the Naples area.

The operational capacity of the new unit, that is to say the 51° Stormo C.T., identified, as ever, by the well-known Gatto Nero fin emblem with its three grey mice, was, at that moment, almost reduced to zero! Although the unit had been assigned a large number of excellent pilots, at least in theory, these would not have been able to counter any possible night attack by enemy aircraft, as the unit was not qualified to operate once the sun had gone down! Light years behind in the techniques of 'night fighter operations', the pilots of the Regia Aeronautica could only fly during full daylight, often navigating by the use of well defined reference points, amongst these railways, and their skills were such that they often dived down onto stations in order to read their nameplates. This gave rise to an analogy frequently used during the period to describe the operational functions of Italian units: they were described as la rotta ferroviaria...the broken railway!

Proof of this missing capability was provided a few days after the commencement of hostilities, when the city of Rome was overflown at dead of night by an unwelcome and ugly French trio-motor, belonging to the Aeronavale, more exactly "Farman 223-4", baptised Jules Verne. At the controls were French Naval Officer Lieutenant Daillerè, who limited his actions, much to the good fortune of the Romans and the eternal city, to the dropping of propaganda leaflets, discovered the next morning on the streets of the capital. None of the FIAT G.50 of the 51° Stormo Caccia had poked their noses out of their night dispersals, suffering the ignominy of a rude awakening provided by an ancient civilian airliner transformed into a rudimentary bomber by the Armèe de l'Air! The action of this bold French officer coincided, unluckily, with the official visit to Ciampino made, in the traditional pompous style of the regime, a few hours later by the Chief of Staff of the Italian Armed Forces, Generale Pietro Badoglio, followed by clutch of military VIPs from the Army and Air Force, amongst whom were the

Coppia di FIAT G.50 della 356^ Squadriglia (21°Gruppo Aut. C.T.), decentrata fin dal 3 giugno del 1940 sull'aeroporto di Capodichino, in volo lungo le falde del Vesuvio (Foto C. Lucchini)

A pair of 356^ Squadriglia (21° Gruppo Aut. C.T.) FIAT G.50, detached until 3 June 1940 to Capodichino airport, flying above the slopes of Vesuvius

Forzato atterraggio per un FIAT G.50 della 150^ Squadriglia (2° Gruppo Aut. C.T.) in pieno deserto egiziano. Il reparto del Comandante Giuseppe Baylon, primo a giungere con i FIAT G.50 sul fronte libico alla data del 31 gennaio 1940, si schierava il giorno dopo sulla base di Derna-El Ftejah, con aerei distribuiti nelle Squadriglie 150^, 152^ e la 358^, quest'ultima già presente sul posto (Foto Arch. dell'Autore)

A FIAT G.50 fighter of the 150^ Squadriglia, 2° Gruppo Aut. C.T., one the first units flying the fighter to arrive in Libya, in late December 1940. The aircraft has made a forced landing in British territory

so Capo delle Forze Armate italiane, il Generale Pietro Badoglio, seguito da un codazzo di alte autorità aeronautiche e dell'esercito, fra questi il Capo di Stato Maggiore, Gen. S.A. Francesco Pricolo, il Comandante la 3^ Squadra Aerea, Gen. S.A. Aldo Pellegrini, ed altri personaggi di rango dell'epoca ruggente del regime. Agli illustri personaggi era stata presentata proprio la "Cellula d'Allarme" del 51° Stormo Caccia, costituita per la luce solare dai pessimi FIAT G.50 e per quelle notturne da pochi e malridotti FIAT CR 32, che in ogni caso durante il sorvolo del "Jules Verne" non si mossero dal campo romano. Si mossero invece il giorno dopo, andando a costituire una pomposa Sezione d'Allarme sull'aeroporto di Guidonia, Sezione che alla prima uscita notturna procurò più danni a se stessa che all'ipotetico avversario, in quella circostanza rappresentato dal brontolio continuo di temporali in quota e non da motori d'aerei nemici. Infatti, dei tre FIAT CR 32 decollati alla disperata, in un oceano di buio e di pioggia, solo uno riuscì miracolosamente a rientrare alla base, poiché uno dei piloti fu costretto a lanciarsi alla cieca nei pressi di Rieti, mentre l'altro andò a sbattere con il carrello sull'estensione dei cavi elettrici distesi nelle vicinanze dell'aeroporto laziale.

Fu proprio dopo la comparsa dello *Jules Verne* e l'infelice esordio della *Sezione d'Allarme* di Guidonia, che una nota inquietante del tempo ci riporta quanto segue…. *Nottetempo un aereo sconosciuto, proveniente dalla Francia o dalla Svizzera, lancia su Roma, un carico di manifestini. La cosa è giudicata grave e si chiede alla Regia Aeronautica di tenersi pronta ad intervenire. Ma se tutti sono d'accordo su tale necessità, il problema è come fare e con quali aerei. Escluso l'impiego del mezzo apposito, in altre parole il CR 32 cosiddetto notturno, si tiene pronto a Ciampino un primo nucleo di tre G.50 speciali. La "specialità" sta nel fatto che i velivoli, strettamente di serie, decolleranno comunque, appena segnalato l'incursore. Una volta in quota e più o meno fortunatamente effettuata l'intercettazione, i piloti hanno l'ordine di dirigere verso la zona di Pratica di Mare, allora disabitata, ed abbandonare i velivoli gettandosi col paracadute: e questo per evitare i rischi del volo notturno! Con enorme soddisfazione dei piloti interessati, l'aereo sconosciuto non è più tornato e la caccia notturna ha evitato un battesimo del fuoco così rudimentale!*[1]

---

(1) Cfr. da "Dimensioni Cielo" – pag. 7 del Vol. 1 – Edizioni Bizzarri, Roma.

Regia Aeronautica Chief of Staff, Gen. S.A. Francesco Pricolo, the Commander of the 3^ Squadra Aerea, Gen. S.A. Aldo Pellegrini, and a host of other "galoppini" [so called because they adopted the style of 'jogging' behind their leader during inspections] from the highest ranks of the regime. These illustrious visitors were shown the "Cellula d'Allarme" [Alarm Cell] of the 51° Stormo Caccia, comprising the poor FIAT G.50 for daylight operations, and a few ancient and unreliable FIAT CR 32 for night flying, and which in any case had not left the Roman airfield during the raid by "Jules Verne". They moved the following day, however, creating a pompous Sezione d'Allarme at Guidonia airfield, a Sezione which on its first night outing caused more damage to itself than to a hypothetical enemy, on this occasion represented by the rumbling of a continuous band of high level thunderstorms rather than the engines of hostile aircraft. In fact, of the three FIAT CR 32 that had scrambled to face the unknown, into an ocean of darkness and rain, only one miraculously managed to return to base, while one of the pilots parachuted to safety near Rieti, while the other flew through high tension electricity cables near Guidonia, losing his undercarriage in the process.

Thus it was following the appearance of Jules Verne and the unhappy debut of the Guidonia Sezione d'Allarme that a disturbing note from the period reports the following.... During the night, an unknown aircraft, coming from France or Switzerland, dropped a cargo of leaflets over Roma. The matter was taken extremely seriously, and the Regia Aeronautica was instructed to stand ready to intervene. However, while everyone was in agreement on the necessity, the problem was how to achieve a result, and with which aircraft. Excluding the use of a suitable means, in other words the so-called CR.32 'night fighters', an initial nucleus of three special G.50 was prepared at Ciampino. This "speciality" rose from the fact that the aircraft, strictly production versions, would take-off as soon as an enemy had been detected. Once at height, and once, given a slice of luck, an interception had occurred, the pilots had been ordered to steer towards the uninhabited area around Pratica di Mare and to abandon their aircraft, parachuting to safety: all this aimed at reducing the perceived risks of night flying. To the enormous relief and satisfaction of the pilots involved, the unknown aircraft never returned, and the 'night fighter pilots' were spared such a rudimentary baptism of fire![1]

Un altro esemplare di FIAT G.50 appartenente alla 150^ Squadriglia (2° Gruppo Autonomo C.T.), incidentatosi in atterraggio sul fronte libico (Foto I.W.M.)

Another example of a 150^ Squadriglia (2° Gruppo Autonomo C.T.). This aircraft made a forced-landing in Libyan territory

(1) From "Dimensioni Cielo" – page 7 of Vol. 1 – Edizioni Bizzarri, Roma.

Gli stessi FIAT G.50 della 356^ Squadriglia del 21° Gruppo Aut. C.T. in volo nelle vicinanze del cratere del Vesuvio (Foto C. Lucchini)

The same FIAT G.50 of 356^ Squadriglia (21° Gruppo Aut. C.T.) in flight near the crater

Nonostante lo smacco i FIAT G.50 del 51° Stormo Caccia rombavano possenti, in formazioni nutrite nel cielo della Capitale. Lo avevano fatto poco prima che avesse inizio il conflitto, per assicurare all'italico popolo che la Regia Aeronautica, naturalmente di giorno, nella piena luce solare, poteva affrontare ogni cimento e lo facevano ancora dopo lo "spauracchio" del sicuro lancio notturno nella zona prescelta di Pratica di Mare, ma se anche di giorno l'aria si velava di nebbie e foschia in quota, ecco una prima tragedia alla data del 16 giugno 1940, una tranquilla prima domenica di guerra, quando il Serg. Pilota Loris Malagoli, appartenente alla 355^ Squadriglia del 21° Gruppo C.T., entrato in un banco più fitto, ne uscì fuori in vite rovescia, schiantandosi al suolo, col suo FIAT G.50, nei pressi di Vigna di Valle.

La 356^ Squadriglia C.T. del Cap. Pil. Paolo Maddalena, vista schierarsi sull'aeroporto di Napoli Capodichino, fin dal 3 giugno 1940, non fu da meno, per incapacità e figure meschine. Dopo piccole avvisaglie di bimotori della RAF, segnalati al largo delle coste napoletane, i

Despite the setback of these ridiculous situations, the FIAT G.50 of the 51° Stormo Caccia roared in impressive formations in the skies over the capital. They had done this since before the start of the conflict, assuring the population of Rome and Italy that the Regia Aeronautica, albeit naturally by day, was ready to meet any challenge, even the eventuality of a night-time bail-out over Pratica di Mare. However, even by day the skies can contain deadly unseen enemies, such as high level mist and cloud, and an early tragedy occurred on 16 June 1940, a quiet Sunday early in the war, when Sergente Pilota Loris Malagoli, assigned to the 355^ Squadriglia of the 21° Gruppo C.T., entered a thick bank of cloud and left it in an uncontrolled inverted spin, his FIAT G.50 crashing into the Lazio countryside near Vigna di Valle.

The 356^ Squadriglia C.T. of Capitano Pilota Paolo Maddalena, detached as we have seen to Napoli Capodichino airfield since 3 June 1940, was not free of its own absurdities and incapacity, given that following reports of R.A.F. twin-engined aircraft flying off the Naples coastline, which the pilots of the FIAT G.50 asserted that they had either chased off or shot down, the Partenopean capital quickly became a prime objective for the able British bomber crews. Flying Vickers Wellington Mk.1, the first unit to attack Naples was 148 [Bomber] Squadron, operating directly from Malta, from where it flew a 400/450 mile mission on the route Luqa-Palermo-Naples and return. The first bitter wake-up call for the peaceful city occurred during the night of 31 October 1940, bring death and ruin. This was just the beginning of a series of tragedies, led by the British twins, and culminated in three raids during the night of 10 November 1940: no Regia Aeronautica rose to match the skill and courage of their enemy. Only one week earlier, during the night of 3 November, DICAT [the Italian air defence system] had managed to hit and damage a Wellington belonging to the deadly 148 Squadron, the crew of which tried desperately to return to

Aeroporto di Grottaglie: primavera-estate del 1940. Primi FIAT G.50 assegnati alla 150^ Squadriglia (2° Gruppo Aut. C.T.) schierati ai margini dell'aeroporto pugliese (Foto T. Del Prato)

Grottaglie airfield: spring-summer 1940. A Flight of FIAT G.50 from the 150^ Squadriglia (2° Gruppo Aut. C.T.) in the foreground

piloti dei FIAT G.50 di quella squadriglia, asserivano di averli messi in fuga o addirittura averne abbattuto qualcuno. Il capoluogo partenopeo fu ben presto obiettivo primario degli abili equipaggi di bombardieri inglesi, dei Wickers Wellington Mk.1, i primi a compiere l'attacco su Napoli quelli del Bomber Squadron 148, provenienti direttamente da Malta, dopo aver percorso 400/450 miglia sulla congiungente Luqa-Palermo-Napoli e ritorno. Il primo amaro risveglio per la pacifica città vesuviana fu durante la notte del 31 ottobre 1940, subendo morte e rovine. Non fu che l'inizio di tante altre sciagure, con i bimotori britannici a farla da padroni, con addirittura tre incursioni durante la notte del 10 novembre 1940, senza che alcun velivolo della Regia Aeronautica avesse ostacolato tanta audacia e coraggio. Solo una settimana prima, durante la notte del 3 novembre, la DICAT era riuscita a colpire e danneggiare un Wellington appartenente ancora al temerario Bomber Squadron 148, il cui equipaggio tentò un disperato rientro a Malta, finito comunque in tragedia, dato che il bimotore, pur raggiungendo l'isola inglese, si abbattè in fiamme su un caseggiato posto nelle vicinanze di Luqa, ove trovarono la morte tutti gli uomini di bordo del Pilot Officer D.R.Allen! Ma Napoli non cessò di ricevere abbondanti razioni di bombe di medio e piccolo calibro, con l'inevitabile sacrificio di poveri innocenti tra la popolazione civile.
Con la fine delle ostilità contro la Francia, il successivo impegno dei FIAT G.50 fu quello dell'avventura in terra belga, al seguito del C.A.I. (Corpo Aereo Italiano). Il 20° Gruppo C.T., come già accennato, inserito in un reparto di nuova costituzione, il 56° Stormo C.T., dopo la posizione d'unità quadro del 51° Stormo Caccia, si affiancò al 18° Gruppo C.T., dotato di FIAT CR 42. Entrambi costituirono le unità da caccia inviate al Nord d'Europa, per partecipare, accanto all'alleato germanico, alla *Battle of Britain*. Fu un'esperienza priva di risultati concreti, soprattutto per i G.50, che per una serie infinita di circostanze non riuscirono a sparare un solo colpo di mitragliatrici contro aerei della RAF, subendo, comunque, due perdite per incidenti di volo. Assai più drammatica invece, fu la vicenda dei CR 42 del 18° Gruppo C.T., che in due memorabili battaglie aeree, sostenute con Hurricane Mk.1 e Spitfires Mk.1 della RAF, subirono perdite dolorose, insieme ai due reparti da bombardamento, dotati di FIAT BR 20. Questo, malgrado le documentate prove della RAF smentissero uno dei più "ottimisti" Comandanti di reparti italiani del tempo, l'allora Maggiore Pilota Ferruccio Vosilla, Comandante del 18° Gruppo C.T., il quale a suo dire sarebbe uscito vittorioso dai due terribili scontri con la caccia inglese, per aver abbattuto, nel primo nove Hurricane, più quattro probabili e nel secondo cinque Spitfire, più due danneggiati.

Piloti e specialisti del 2° Gruppo Aut. C.T. alle prese con un velivolo della 150^ Squadriglia.(Foto T. Del Prato)

Pilots and ground crew of the 2° Gruppo Aut. C.T. with an aircraft of the 150^ Squadriglia

Luqa. The attempt was to end in tragedy, as although the twin reached the British island, it crashed in flames onto a house near Luqa airfield, killing Pilot Officer D.R.Allen and his entire crew! Naples never ceased to receive its ample ration of medium and small calibre bombs, with the inevitable sacrifice paid by the innocent people of the noble city. With the cessation of hostilities with France, the next task for the FIAT G.50 would be an adventure in the fields of Belgium as part of the C.A.I. (Corpo Aereo Italiano), when the 20° Gruppo C.T., as will be remembered, was inserted into a new-formed Stormo, the 56° Stormo C.T., following the adoption of the 'unità quadro' status (temporarily disbanded) by the 51° Stormo Caccia. It was united with the 18° Gruppo C.T., equipped with FIAT CR.42, the only two Italian fighter units to be posted to Northern Europe to participate, together with their German ally, in the Battle of Britain. It was an experience without concrete results, above all for the G.50, which due to a series of circumstances managed to fire not one shot against the aircraft of the R.A.F., but which suffered two flying accidents. Even more dramatic were the exploits of the CR 42 of the 18° Gruppo C.T., which in two memorable air battles involving Hurricane Mk.1 and Spitfire Mk.1 of the RAF, suffered heavy losses, together with the two bomber units flying FIAT BR.20. R.A.F. documentation had undermined the claims of one of the most 'optimistic' Italian unit commanders, the then Maggiore Pilota Ferruccio Vosilla, commander of the 18° Gruppo C.T., who reported that during the two deadly encounters with British fighters his unit had shot down, in the first, nine Hurricane, plus four probables, and in the second five Spitfire, plus two damaged.

I FIAT G.50 DEL 20° GRUPPO IN BELGIO

Maldegem, iniziale base operativa dei FIAT G.50 del 20° Gruppo C.T., in Belgio, raggiunta dopo ben 28 giorni dalla partenza da Roma Ciampino, essendo stati costretti i nostri piloti a bordo dei G.50, a fermarsi forzatamente sugli aeroporti di Treviso S.Angelo e Bolzano, in Italia e su altri aeroporti tedeschi, per le condizioni meteorologiche avverse, fu terra amara, dolorosa e mortificante per tutti i piloti e gli specialisti del reparto, che pur trovando un ambiente e un'organizzazione più che perfetti, tutta teutonica, non riuscirono mai ad inserirsi nell'ambiente bellico di quello che anche per noi avrebbe rappresentato la partecipazione alla *Battle of Britain*.

Esclusi fatalmente dai due soli scontri con la caccia britannica, privilegio, condito da altrettante dure sconfitte per gli uomini e gli aerei (FIAT CR 42) del 18° Gruppo C.T. del Com/te Ferruccio Vosilla, ai monoplani italiani fu assegnato il modesto pattugliamento delle coste fiamminghe. Non riuscirono a sparare un solo colpo di mitragliatrici contro aerei della RAF in ben cinque mesi di permanenza in quella fetta di terra affacciata a balcone sul Canale della Manica.

Solo in una circostanza un pattuglione di FIAT G.50 si trovò a fronteggiare una nutrita sezione di caccia inglesi, che giunti quasi a contatto balistico, virarono improvvisamente al largo, di proposito, senza offrire ai cacciatori del Com.te Mario Bronzano la soddisfazione del combattimento aereo. Un ricordo amaro e sconsolante per tutti i piloti trovatisi di fronte a questo sconcertante comportamento da parte degli avversari, che gettarono sconforto e umiliazione nell'intero 20° Gruppo C.T.

Nonostante il modesto compito assegnato ai FIAT G.50 del reparto di Bonzano, il 20° Gruppo C.T. perse ugualmente due giovani piloti, per incidenti di volo, dovuti in parte alla scarsa visibilità, imperante sovrana su quelle piatte e monotone pianure del Nord Europa!

La brutta avventura dei FIAT G.50 del 20° Gruppo C.T. ebbe fine nel mese di d'aprile del 1941, preceduto dalla 351^ Squadriglia, destinata ad essere incorporata in un reparto di nuova formazione, il 155° Gruppo Autonomo C.T., dotato anch'esso di FIAT G.50, per essere immediatamente destinato sul fronte dell'Africa Settentrionale.

The FIAT G.50 of the 20° Gruppo in Belgium

Maldegem, the initial operational base for the FIAT G.50 of the 20° Gruppo C.T. in Belgium, reached some 28 days after the departure from Roma Ciampino, with the Italian G.50 pilots being blocked in Treviso S. Angelo and Bolzano airfields in Italy, and others in Germany by adverse weather, was to become a bitter, sad, and mortifying home for the pilots and groundcrews of the unit. Despite finding an already perfected environment and organisation, reflecting Teutonic efficiency, they were never able to insert themselves into the operational scenario, which would have represented Italian participation in the Battle of Britain.

Excluded from the two fatal encounters with the British fighters, which resulted in heavy defeats for the men and aircraft [FIAT CR.42] of the 18° Gruppo C.T. led by Ferruccio Vosilla, the poor monoplane fighter was assigned the modest role of coastal patrol. In five months detachment to the southern shores of the English Channel, the G.50 never managed to fire one machine gun round against R.A.F. aircraft.

On only one occasion did a flight of FIAT G.50 come close to an encounter with a section of British fighters, and these, when almost within range, made a wide turn away from the Italians without offering the fighters of Comandante Mario Bonzano the satisfaction of air combat. This was a bitter and disconsolate memory for the pilots, with the action of their enemies provoking humiliation and uncertainty within the entire 20° Gruppo C.T.

Despite the modest role assigned to the FIAT G.50 of Bonzano's unit, the 20° Gruppo C.T. still lost two young pilots in flying accidents, caused in part by the poor visibility, a feature common above the flat and monotonous plains of Northern Europe !

The unhappy adventure of the FIAT G.50 of the 20° Gruppo C.T. came to an end in the month of April 1941, preceded by the 351^ Squadriglia, destined to be incorporated into a newly constituted unit, the 155° Gruppo Autonomo C.T., also equipped with FIAT G.50, and destined for immediate transfer to the front in North Africa.

FRONTE GRECO-ALBANESE

Altro fronte importante, doloroso e drammatico, per tutti i reparti della Regia Aeronautica, anche per quelli dotati di FIAT G.50, fu quello greco-albanese, ove operarono le seguenti unità:

28 ottobre 1940 (inizio delle ostilità con la Grecia)

395ª Squadriglia del 160° Gruppo Autonomo C.T. Berat
24° Gruppo Autonomo C.T. Tirana
    354ª Squadriglia
    355ª Squadriglia
    361ª Squadriglia

N.B. Quando giunse in Albania il 24° Gruppo Autonomo C.T., la 361^ Squadriglia di tale reparto, insieme alla 395^ Squadriglia, partecipò alla formazione organica del 154° Gruppo Autonomo C.T., basato a Berat con una dotazione di FIAT G.50. Fra il 1° e il 5 Novembre 1940 la linea della caccia dell'Aeronautica dell'Albania fu rafforzata con altri FIAT G.50.

In Puglia, incorporati nella 4^ Z.A.T., divenuta poco dopo 4^ Squadra Aerea, stazionavano altri FIAT G.50, in seno al 2° Gruppo Autonomo C.T., dotato anche di FIAT CR 32, con il Comando decentrato a Brindisi e con le tre unità (Squadriglie 150^, 151^ e 152^), basate a Grottaglie, a difesa del porto di Taranto e delle basi operative di Brindisi e Lecce.

Malgrado la consistenza aeronautica presente su questo duplice fronte, diviso dall'effimero Canale d'Otranto e con una base come Malta, che si dimostrò decisiva in occasione della "preparazione" dell'attacco aereo sulla base navale di Taranto, la Regia Aeronautica ebbe ad affrontare numerose difficoltà. Sul territorio greco, ostacolata dalle

Uno dei compiti principali dei FIAT G.50 del 2° Gruppo Aut. C.T. fu quello della scorta agli Junkers Ju 87 italo-tedeschi in perenne azione sulla piazzaforte di Tobruk. Velivolo della 150^ Squadriglia ripreso a fianco di una sezione di "Picchiatelli" della 239^ Squadriglia Aut. Tuffatori (Foto A.M)

One of the principal roles of the FIAT G.50 of the 2° Gruppo Aut. C.T. was providing escorts for the Junkers Ju 87 in continuous action against the Tobruk fortress. An aircraft of the 150^ Squadriglia is seen alongside a section of "Picchiatelli" of the 239^ Squadriglia Aut. Tuffatori

Greece and Albania

This would become another important, dramatic, and unhappy front for all the units of the Regia Aeronautica, and particularly for those flying the FIAT G.50, where the following units were operating:

28 October 1940 (commencement of hostilities with Greece)

395^ Squadriglia of the 160° Gruppo Autonomo C.T. Berat
24° Gruppo Autonomo C.T. Tirana
    354^ Squadriglia
    355^ Squadriglia
    361^ Squadriglia

N.B. When the 24° Gruppo Autonomo C.T. arrived in Albania, the 361^ Squadriglia of the unit, together with the 395^ Squadriglia, participated in the constitution of the 154° Gruppo Autonomo C.T., based at Berat with a fleet of FIAT G.50. Between 1 and 5 November 1940 the fighter fleet of the Aeronautica dell'Albania was reinforced by further FIAT G.50.

In Puglia, incorporated in the 4^ Z.A.T., which shortly after became the 4^ Squadra Aerea, there were further examples of the FIAT G.50, assigned to the 2° Gruppo Autonomo C.T., also operating FIAT CR 32, with its HQ established at Brindisi and its three Squadriglie (150^, 151^ and 152^), based respectively a Grottaglie, (defending the port of Taranto), Brindisi, and Lecce.

The air assets present on this double front, divided by the ephemeral Otranto Channel, and with the base at Malta demonstrably decisive on the occasion of the preparations for the attack on the naval base at Taranto, would force the Regia Aeronautica to confront numerous dif-

Un FIAT G.50 della 358^ Squadriglia (2° Gruppo Aut. C.T.) in volo sul fronte libico. Notare come l'aereo mostri lo stesso codice del similare riportato alla pagina seguente, ma con numeri posizionati sulla fiancata di fusoliera in maniera diversa. Diversa anche la mimetizzazione, verosimilmente a "reticolo fitto" (Foto A.M./Via A.Maraziti)

A FIAT G.50 of 358^ Squadriglia (2° Gruppo Aut. C.T.) flies over the Libyan front. Note that the aircraft shows the same coding as the example on next page, but different posizioned on the fuselage sides. The camouflage is also different, close to a dense patchwortth

Altri FIAT G.50 del 2° Gruppo Aut. C.T. ripresi sul fronte della Libia. Trattasi di esemplari appartenenti alla 150^ e alla 358^ Squadriglia (Foto A. Vigna)

More FIAT G.50 of the 2° Gruppo Aut. C.T. photographed in the Libyan theatre. These examples are from the 150^ and 238^ Squadriglia

pessime condizioni orografiche e da una stagione particolarmente avversa, che ridusse i campi di volo a veri acquitrini, i piloti dei reparti dotati di FIAT CR 42 e G.50 riuscirono a stento a contenere l'apprezzabile aggressività dell'aviazione ellenica, pur se dotata di antiquati aerei da caccia, quali gli obsoleti PZL P. 24 e Bloch MB 151. Ma quando arrivò in Grecia il *British Expeditionary Korps*, con alcuni reparti della RAF, dotati di Gloster Gladiator I & II e dal mese di febbraio del 1941, anche con uno Squadron di Hurricane Mk.1, le difficoltà aumentarono notevolmente per gli aviatori italiani.

La guerra alla Grecia iniziò quindi il 28 ottobre 1940, sorprendendo lo stesso "alleato" germanico, contrariato peraltro, per l'intraprendenza italiana, risultata improvvisa quanto inopportuna. Con lo slogan spezzeremo, *"le reni alla grecia"*, l'Italia si trovò ben presto a mal partito, su un fronte ritenuto di "normale amministrazione" quando invece fu aspro e difficile, con i greci che s'irrigidirono sulle loro posizioni, per poi ricacciarci sul suolo albanese! I compiti operativi

ficulties. Over Greek territory, hampered by difficult geographic conditions and a particularly poor and un-seasonal climate, which reduced the airfields to paddyfields, the pilots from the units flying FIAT CR 42 and G.50 managed eventually to contain the impressive aggressive performance of the Greek air force, despite it being equipped with antiquated fighter aircraft such as the obsolete PZL P.24 and Bloch MB 151. However, when the British Expeditionary Corps arrived in Greece, bringing some units of the R.A.F. equipped with Gloster Gladiator I and II, and when these were reinforced in February 1941 with a squadron of Hurricane Mk.1, the difficulties faced by the Italian pilots were significantly increased.

The war in Greece commenced on 28 October 1940, even surprising the Italian's Germany 'ally', and sending Adolf Hitler into a histrionic rage over the Italian audacity, which he judged ill considered and inopportune. With ill judged and ambitious propaganda, the Italians launched their initiative, but soon ran into problems. Declaring to the

La scorta degli Junkers italo-tedeschi sul fronte libico fu affidata spesso ai Bf 110c del III/ZG 26 e ai FIAT G.50 del 2° Gruppo Autonomo C.T. (Foto Bundesarchiv/Via C. Shores)

The escort the Italian and German Ju 87s came the Bf 110c of III/ZG 26 and FIAT G.50 of 2°Gruppoi Autonomo C.T.

assegnati alla nostra aviazione su tale fronte erano stati concordati fra il Comando Aeronautica dell'Albania ed il Comando Supremo delle truppe. Gli ordini iniziali prevedevano un atteggiamento difensivo sul settore di Corciano e azioni offensive sugli altri scacchieri, quelli investiti per primi dalla Divisione "Siena", dal "Raggruppamento Litorale" e dalla Divisione "Julia". Particolarmente importante era previsto l'impiego dei reparti della nostra Osservazione Aerea, non sempre scortati dalla caccia, impegnata a segnalare, attraverso una continua attività di ricognizione, visiva e fotografica, i movimenti e le mosse delle truppe elleniche. Alla caccia erano stati assegnati compiti difensivi e concorso di scorta nelle missioni dei reparti bombardieri. Tuttavia all'alba del 28 ottobre 1940 il primo reparto italiano a compiere un'azione offensiva al di là delle linee del fronte, era il 38° Stormo B.T. del Com/te Domenico Ludovico, che dispose il decollo dei suoi S.81 a intervalli regolari, dapprima una coppia, poi una formazione di quattro e subito dopo una seconda coppia. I lenti trimotori attaccarono il bivio sulla strada Dolina-Kalibaki. Poi, per tutta la giornata si alternarono i Cant-Z 506B del 35° Stormo B.M. di Brindisi, di seguito degli S.79 e dei FIAT BR 20 ed ancora S.81.
Il primo intervento della caccia, con l'appannaggio di una facile vittoria, fu opera di tre FIAT CR 42 del 160° Gruppo Autonomo C.T., che sorpresero un modesto ricognitore greco sulle linee di confine, un Henschel He 126, abbattuto con estrema facilità dal Ten.Pilota Mario Gaetano Carancini della 393^ Squadriglia.
Se le prime scaramucce furono risolte dai FIAT CR 32 e dai CR 42, ben presto entrarono in scena anche i FIAT G.50, primi quelli del 24° Gruppo Autonomo C.T., che il 15 novembre 1940, trovatisi impegnati nella scorta di cinque S.79 del 105° Gruppo B.T., in azione offensiva sulla linea nei pressi di Bilischte, si scontrarono con una formazione di PZL 24 del 22 Mira. Quattro dei cinque caccia greci si scagliarono immediatamente contro i bombardieri italiani, di cui uno colpito ad opera del Sgt. Pamayotes Agryropoulos, fu costretto a compiere un atterraggio forzato nei pressi di Koritza, con a bordo un morto ed un ferito. Da parte italiana si dava per certo l'abbattimento di due PZL per merito dei mitraglieri di bordo degli S.79, mentre la formazione dei FIAT G.50, guidata dal Cap. Pil. Ettore Foschini, se ne aggiudicò uno certo ed uno probabile!
Furibonda battaglia aerea nella mattinata del 19 novembre 1940 nel cielo di Trikkala, quando una fitta formazione di FIAT CR 42 e FIAT G.50 del 160° e del 24° Gruppo Autonomo C.T., stava scortando dei bombardieri diretti verso obiettivi dell'entroterra greco, affrontati da nove Gloster Gladiator II del Fighter Squadron 80, reparto della RAF giunto da poco in Grecia dalla base egiziana di Abu Sueir. Avrebbero guidato i cacciatori inglesi verso il cielo dello scontro tre PZL 24 greci, costretti a rientrare anzitempo alla base per la loro limitata autonomia. Ne scaturì in ogni caso un duello serrato e impressionante, al

people that they were running a normal administration in the newly occupied territory, the front was, in fact, difficult and worrying, with the Greeks reinforcing their positions, and subsequently pushing the Italians back into Albanian territory. The operational roles assigned to the Regia Aeronautica forces on the front were agreed between the Comando Aeronautica dell'Albania and the Comando Supremo of the land forces. Initially, the orders called for a defensive shield in the Corciano sector, and offensive operations in the other areas, those subjected to an early invasion by the Divisione "Siena", the "Raggruppamento Litorale" and the Divisione "Julia". The utilisation of units of the Osservazione Aerea speciality (air observation) was judged to be of particular importance: these missions, not always with fighter escorts, were tasked with tracking the movement and disposition of Hellenic land forces through continuous visual and photographic reconnaissance. The fighters were assigned defensive roles and escort of bomber operations. Nevertheless, on the dawn of 28 October 1940 the first unit to fly an offensive action on the other side of the lines was the 38° Stormo B.T. of Comandante Domenico Ludovico, who ordered his S.81 to take off at regular intervals, initially a pair, then a formation of four, and finally another pair. The slow trimotors attacked a junction on the Dolina-Kalibaki road. Throughout the remainder of the day alternating missions were flown by Cant-Z 506B of the 35° Stormo B.M. at Brindisi, followed by S.79, FIAT BR 20, and more S.81.

The first fighter intervention, which resulted in an easy victory, was flown by three FIAT CR 42 of the 160° Gruppo Autonomo C.T., which surprised a modest Greek reconnaissance aircraft flying over the front line, a Henschel He 126, which was shot down with extreme ease by Tenente Pilota Mario Gaetano Carancini of the 393^ Squadriglia.

With the initial clashes being successfully resolved by the FIAT CR 32 and CR 42, the FIAT G.50 was quickly introduced into the theatre, beginning with those from the 24° Gruppo Autonomo C.T., which on 15 November 1940 found itself engaged in the escort of five S.79 of the 105° Gruppo B.T. attacking the lines near Bilischte. The G.50s encountered a formation of PZL 24 from the 22 Mira. Four of the five Greek fighters immediately went for the Italian bombers, with Sgt. Agryropoulos Pamayotes damaging one, which was forced into an emergency landing near Koritza, having one crewmember already dead, and one injured. The Italians claimed the destruction of two PZL by the air gunners in the S.79, while the escorting FIAT G.50, led by Capitano Pilota Ettore Foschini, claimed one confirmed and another probable.

Another major air battle took place during the morning of 19 November 1940 in the skies above Trikkala, when a large formation of FIAT CR 42 and FIAT G.50 from the 160° and 24° Gruppo Autonomo C.T., which were escorting bombers on a mission against targets in Greek

Aeroporto di Ciampino Sud: autunno 1940. Il Ten. Pil. Mario Montefusco, pilota della 352^ Squadriglia (20° Gruppo – inserito da poco nel 56° Stormo C.T.), in procinto di lasciare l'aeroporto della capitale per trasferirsi con l'intero reparto in Belgio, per partecipare alla "Battaglia d'Inghilterra" (Foto V. Sant'Andrea)

Ciampino Sud airfield, autumn 1940. Tenente Pilota Mario Montefusco, pilot of the 352^ Squadriglia (20° Gruppo – recently inserted into the 56° Stormo C.T.), prepares to leave the capital and transfer with the unit to Belgium with the intention of participating in the "Battle of Britain"

termine del quale i piloti britannici affermarono di aver abbattuto sicuramente nove aerei italiani, più due probabili....sette FIAT CR 42 e quattro FIAT G.50, senza registrare alcuna perdita, se non il ferimento del Pilot Officer V.A.J. Stuckey. Questi colpito alla spalla destra e ad una gamba, riuscì comunque, a rientrare a Trikkara, per essere ricoverato presso un ospedale di Atene. Della "strage" annunciata nei confronti degli italiani, è doveroso citare le nostre perdite, non nel numero strepitoso riferito dai nostri avversari del tempo, ma effettivamente perdemmo tre FIAT CR 42 ed un FIAT G.50, i primi del 160° Gruppo Autonomo C.T. (Serg. Magg. Pil. Natale Viola, M.llo Pil. Giuseppe Salvatori, entrambi della 363^ Squadriglia ed il Serg. Magg. Pil. Arturo Bonato della 393^), mentre il FIAT G.50 era pilotato dal Ten. Attilio Meneghel della 555^ Squadriglia. Un quarto pilota di CR 42, Serg. Magg. Walter Ratticchieri, anch'egli della 393^ Squadriglia, rientrò alla base ferito ad entrambe le gambe. Da parte italiana si affermavano gli abbattimenti di due caccia avversari, più uno probabile, accreditati al Serg. Magg. Pil. Luciano Tarantini e al Cap. Pil. Paolo Arcangeletti!

Nuovi lutti per le forze italiane sette giorni più tardi, quando altri nove Gloster Gladiator II dell'onnipresente Fighter Squadron 80 si levarono in volo da Trikkala per pattugliare la parte nord di Janina, dove avvistarono tre S.79 scortati da una dozzina di CR 42, alla guida del Cap. Pil. Nicola Magaldi, Comandante della 364^ Squadriglia, primo ad affrontare il nemico e primo ad essere abbattuto. Contemporaneamente una dozzina di FIAT G.50 del 24° Gruppo Aut. C.T., guidata dal Magg. Pil. Oscar Molinari, attaccava l'aeroporto di Kozani, base del 2 Mira, nel momento in cui alcuni aerei del reparto greco stavano rientrando da una missione di scorta. Attaccato lo schieramento avversario a bassissima quota, i cacciatori italiani ritennero di aver

held territory, were bounced by nine Gloster Gladiator II from 80 (Fighter) Squadron 80, an R.A.F. unit recently deployed to Greece from its Egyptian base at Abu Sueir. Having led the British fighters to the combat area, three Greek PZL 24 were forced to return directly to their base due to their restricted endurance. An impressive and vicious dual broke out, at the end of which the British pilots claimed to have definitely shot down nine Italian aircraft, plus two probables.... seven FIAT CR 42 and four FIAT G.50, registering no losses, and suffering only the injury to Pilot Officer V.A.J. Stuckey, hit in his right shoulder and one leg. He managed, despite his wounds, to return to Trikkara, from where he was taken to hospital in Athens. This combat disaster which befell the Italians was not as overwhelming as had been announced by the British at the time, but nevertheless the losses were effectively three FIAT CR 42 and one FIAT G.50, the first from the 160° Gruppo Autonomo C.T. (Sergente Maggiore Pilota Natale Viola, Maresciallo Pilota Giuseppe Salvatori, both from the 363^ Squadriglia and Sergente Maggiore Pilota Arturo Bonato of the 393^), while the FIAT G.50 was flown by Tenente Pilota Attilio Meneghel of the 355^ Squadriglia. A fourth CR 42, piloted by Sergente Maggiore Walter Ratticchieri, also from the 393^ Squadriglia, returned damaged to base, the pilot being injured in both legs. The Italian side claimed the destruction of two opposing fighters, plus one probable, accredited to Sergente Maggiore Pilota Luciano Tarantini and Capitano Pilota Paolo Arcangeletti!

There was more bad news for the Italian forces seven days later, when another nine Gloster Gladiator II of the ever-present 80 (Fighter) Squadron took off from Trikkala to patrol the northern area of Janina, where they spotted three S.79 escorted by a dozen CR 42 led by Capitano Pilota Nicola Magaldi, commander of the 364^ Squadriglia, who was the first to confront the Gladiators, and the first to be shot

Aeroporto di Roma Ciampino Sud. I FIAT G.50 del 20° Gruppo C.T. ripresi innanzi al proprio hangar della base laziale, pronti a trasferirsi in massa in Belgio. In primo piano l'aereo personale del Magg. Pil. Mario Bonzano, comandante del 20° Gruppo Caccia, caratterizzato dal numero di reparto e dal guidoncino di comando stampigliati sulle fiancate di fusoliera (Foto M. Bonzano)

Ciampino Sud airfield, and the FIAT G.50 of the 20° Gruppo C.T. are seen in front of the hanger prior to their mass transfer to Belgium. In the foreground is the personal aircraft of Maggiore Pilota Mario Bonzano, commander of the Gruppo, characterised by the unit number and commanders pennant painted on the fuselage

distrutto cinque aerei al suolo, insieme a tre danneggiati. In pratica si trattò di vecchi Breguet XIX, messi fuori uso, con il mortale ferimento del 1/Lt.Maroulakos Panayiotis e di altro personale rimasto più o meno seriamente ferito.
Il 28 Novembre 1940 altro intervento di FIAT G.50 nel cielo di Durazzo, quando nove Bristol Blenheim I del Bomber Squadron 84 cercarono di attaccare la base italiana, intercettati anche da Macchi MC 200 e FIAT CR 42. Il Ten. Pil. Divo Bartaletti ed il Serg. Pil. Pasquale Savino, entrambi del 24° Gruppo Aut. C.T., si accreditarono un abbattimento sicuro ed uno probabile. In effetti, gli inglesi persero un solo bimotore, l'esemplare codificato *L1385*, colpito durante lo scontro, poi costretto ad un atterraggio forzato nei pressi del campo, dove il Pilot Officer D.R. Bird ed il suo equipaggio furono catturati.
Frattanto la caccia inglese presente in Grecia andava rafforzando i suoi effettivi, poiché si ha notizia certa come alla data del 2 dicembre del 1940 un gruppo di piloti del Fighter Squadron 112, provenienti dalla base egiziana di Sidi Haneish, portassero in volo altri otto Gloster Gladiator II all'80° Squadron, elevando a quattordici esemplari la linea del reparto della RAF presente in Grecia. I piloti inglesi, protagonisti di quello che fu ritenuto un riequipaggiamento necessario, rientrarono in Egitto a bordo di un trasporto "Bombay". La missione fu ripetuta il giorno 4 dicembre, con l'arrivo di due coppie di nuovi Gloster Gladiator II, appartenenti di fatto al Fighter Squadron 112, sotto il comando del Flt. Lt. C.H. Fry, un ulteriore rinforzo per l'80° Squadron. Fu proprio nello stesso giorno che undici Gloster Gladiator II del ringalluzzito reparto della RAF si levarono in volo alla guida dello stesso Sqn/Ldr W.J. Hikey (comandante del reparto inglese), per compiere una ricognizione offensiva sulla zona di Tepeleni, scontrandosi con la caccia italiana, sull'ordine, secondo la stima degli inglesi, di ventisette aerei, in effetti, ventidue (dodici FIAT CR 42 del 150° Gruppo Aut. C.T., alla guida del Colonnello Rolando Pratelli e dieci FIAT G.50 del 154° Gruppo Aut. C.T., con in testa il Com.te Angelo Mastragostino). Scontro impressionante in quota e grande euforia da parte dei piloti della RAF che ritennero - convinti - di averci abbattuto nove aeroplani, contro nessuna perdita. Se fu vero il rientro incolume del pattuglione inglese, è altrettanto vero che i Gloster Gladiator II del Fighter Squadron 80 non abbatterono affatto nove aerei italiani, ma soltanto due, due FIAT CR 42 pilotati dal Ten. Alberto Triolo e dal S.Ten.Paolo Penna!
Il 21 dicembre 1940 perdeva la vita in combattimento il prestigioso Squadron Leader W.J. Hikey, Com/te dello Squadron 80, durante un attacco contro una formazione di bombardieri italiani, sei Cant-Z 1007 "bis" del 47° Stormo B.T., provenienti da Grottaglie, scambiati dai piloti inglesi per FIAT BR 20. Nei paraggi di quel ritaglio di cielo stavano volando 15 FIAT CR 42 del 150° Gruppo Aut. C.T., alla guida del Magg. Pil. Oscar Molinari, interessati a compiere una ricognizio-

down. Contemporarily, a dozen FIAT G.50 of the 24° Gruppo Aut. C.T., led by Maggiore Pilota Oscar Molinari, attacked the airfield at Kozani, base of the 2 Mira, fortunately arriving over their target at the same moment as some fighters from the Greek unit were returning from an escort mission. Attacking the enemy formation at low level, the Italian pilots claimed the destruction of five aircraft on the ground, together with three damaged. In practice these were old Breguet XIX, which were all seriously damaged, while 1/Lt.Maroulakos Panayiotis was fatally wounded, with other personnel suffering a variety of injuries.

On 28 November 940 the FIAT G.50 were involved again over Durazzo, when nine Bristol Blenheim I of 84 (Bomber) Squadron attempted an attack on the Italian base, and were also intercepted by Macchi MC 200 and FIAT CR 42. Tenente Pilota Divo Bartaletti and Sergente Pilota Pasquale Savino, both belonging to the 24° Gruppo Aut. C.T., were accredited with one confirmed kill, and one probable. In truth, the British lost only one aircraft, serial L1385, which was hit during the engagement, and forced to make an emergency landing near the airfield, where Pilot Officer D. R. Bird and his crew were captured.

Meanwhile, the British fighter force in Greece was under constant reinforcement. Evidence of this was the fact that on 2 December 1940 a group of pilots from 112 (Fighter) Squadron, flying from the Sidi Haneish base in Egypt, ferried another eight Gloster Gladiator II from 80 Squadron to Greece, bringing the total number deployed by the R.A.F. in the country to fourteen. The British pilots, involved in what had been seen as a vital bolstering of the forces, returned to Egypt in a "Bombay" transport. The mission was repeated on 4 December, with the arrival of two pairs of new Gladiator II, on this occasion belonging to their own 112 Squadron, and under the command of Flt. Lt. C.H. Fry: this further strengthened 80 Squadron. It was on the same day that eleven Gladiator II of the revitalised R.A.F. unit took to the skies, led by the unit commander, Sqn/Ldr W.J.Hikey, to mount an offensive reconnaissance sortie in the Tepeleni area, where the chanced on some Italian fighters, estimated by the British to number twenty seven. They were, in fact, twenty two aircraft (twelve FIAT CR 42 of the 150° Gruppo Aut. C.T., led by Tenente Colonnello Rolando Pratelli and ten FIAT G.50 of the 154° Gruppo Aut. C.T., with Comandante Angelo Mastragostino at their head). This was a major high level encounter, and provoked great euphoria amongst the R.A.F., who claimed, with full conviction, to have downed nine enemy aircraft, with no losses. If it was true that the British formation suffered no losses, it was similarly accurate that the 80 Squadron Gladiator II did not shoot down nine Italians, merely two FIAT CR 42 piloted by Tenente Alberto Triolo and Sottotenente Paolo Penna!

Sq.Ldr W.J.Kikey lost his life on 21 December 1940 during an lateral attack on Italian bombers defended by 15 or more FIAT CR 42 of 150°

ne offensiva sopra Yanina, Paramithia e Zitsa, ove erano stati segnalati concentramenti di truppe anglo-elleniche. Sicuri di farla da padroni, i Gloster Gladiators II dei Com/ti Hikey e Pattle si scagliavano contro gli indifesi trimotori italiani, trovandosi, però, ben presto di fronte alla pattuglia dei caccia italiani, rinforzata da altri biplani del 160° Gruppo Aut. C.T. del Com/te Pratelli. Gran concerto di spari e furibondo combattimento durato 20 minuti, al termine del quale i cacciatori britannici si aggiudicavano otto aerei italiani, tre da parte del Pilot Officer V. Vale, che asseriva di aver visto uno degli aerei avversari precipitare in fiamme, due dal Sgt. C.E. Casbolt, altrettanti dal Sgt. D.S. Gregory, anche se questi fu ferito da alcune schegge di pallottole all'occhio destro. Lo stesso Sq. Ldr M.T. Pattle affermò di aver centrato e fatto esplodere un aereo avversario nel cielo. I Flying Officers Flg. Offs W.B. Price-Oven e F.W. Osken ritennero di averne abbattuti probabilmente altri due! Le perdite effettive da parte italiana furono di due soli FIAT CR 42, pilotati dai Tenenti Mario Gaetano Carancini e Mario Frascadore, con il ferimento al piede destro del Maggiore Oscar Molinari, mentre il FIAT CR 42 "394-7", del Ten. Pil. Edoardo Crainz, rientrò alla base vistosamente crivellato sui piani di coda e il terminale di fusoliera... null'altro! Tanto i cacciatori del 150° Gruppo, che quelli del 160° sostenevano, esagerando, di aver abbattuto dieci caccia avversari! Le cose furono più contenute, anche se gli inglesi dovettero lamentare il ferimento grave del Flg. Off. S. Linnard, quando il suo Gloster Gladiator II (*N5834*) fu raggiunto da numerose raffiche sparate dai nostri caccia, alcune delle quali colpirono il pilota alla gamba sinistra. A questo ferimento si aggiunse la vera ed accertata perdita di due Gloster Gladiator II (*N5854 e N5816*), il primo ai comandi del Fl. Off. A.D. Ripley, precipitato in fiamme, mentre il secondo apparteneva allo Sq/Ldr. W.J. Hikey, che, riuscito a lanciarsi col paracadute avvolto dalle fiamme, si sfracellava al suolo nei pressi di uno schieramento di truppe elleniche. Entrambi i corpi dei due sventurati piloti inglesi furono raccolti dai soldati greci.

L'anno 1940 si chiudeva incerto e sofferto su tutto il fronte greco-albanese, con le due aviazioni che si erano date battaglie senza esclusioni di colpi su tutti gli obiettivi attaccati o difesi. Le perdite erano state quasi uguali per tutti, nel disperato quanto quotidiano gioco del vivere o morire.

La prima azione importante registrata nel nuovo anno, il 1941, porta la data del 6 gennaio, quando alle ore 09.40 sbucavano da uno strato di nubi disteso su Valona nove Bristol Blenheim I del Bomber Squadron 211, intenzionati ad attaccare la base italiana. I bombardieri della RAF si livellavano sui 4000 piedi, circa 1.200 metri, raggiunti in poco tempo da due pattuglioni di caccia italiani, composti di FIAT CR 42 del 150° Gruppo Aut. C.T. e da FIAT G.50 del 154° Gruppo Aut. C.T., decollati su allarme. Il Tenente Pilota Livio Bassi della 395^ Squadriglia, a bordo del suo FIAT G.50, insieme con altro

Gruppo Aut. C.T., the former led by Maggiore Oscar Molinari, and flying on offensive reconnaissance over Yanina, Paramithia and Zitsa. Seeing the bombers under attack by an estimated 20 Gladiators (!), the Italian pilet in, joined by other aircraft from the 160° Gruppo Aut. C.T. of Ten. Col. Rolando Pratelli. After 25 minutes the air battle broke up and eight of the British pilot returned claiming eight confirmed kills and three probable: The Italian units lost only two CR 42 and their pilots, Tenenti Mario Gaetano Carancini and Mario Frascadore. Maggiore Oscar Molinari suffered wounds to his right foot, while FIAT CR 42 "394-7", piloted by Ten.Edoardo Crainz, returned with serious damage. For the British, Gloster Gladiator II N5834, flown by Flg. Off. S. Linnard was badly, hit, and suffered several bullet wounds to his left leg. Flg. Off. A. D. Ripley in N5854 was seen to be shot down in flames and was killed, while S.Ldr.W.J.Hikey was spotted baling out of N5816: sadly his parachute caught fire, and he died from his injuries soon after reaching the ground. Greek troops recovered the bodies of both pilots!

The year 1940 came to an uncertain and bitter close for the air arms on either side of the Greco-Abanian front, engaged in a daily battle over attacked or defended targets. The losses were equal for both sides in the desperate daily struggle between life and death.

The first operation launched in the new year of 1941 was on 6 January, when at 0940 nine Bristol Blenheim I from 211 (Bomber) Squadron broke out of a layer of cloud over Valona airfield with the aim of attacking the Italian airfield. The R.A.F. bombers levelled at 4000 feet, around 1.200 metres, but in a short time were met by two flights of Italian fighters, composed of FIAT CR 42 of the 150° Gruppo Aut.

I FIAT G.50 appena giunti sull'aeroporto di Maldegem, base operativa destinata al reparto del Com/te Mario Bonzano. Alcuni Ufficiali della Luftwaffe salutano due piloti della 351^ Squadriglia, tra questi riconoscibile il Cap. Pil. Gino Callieri (in tuta da volo) (Foto Arch. dell'Autore)

FIAT G.50 at Maldegem airfield.Luftwaffe officers greet the new arrivals from the 351^ Squadriglia, including Capitano Pilota Gino Callieri (in the flying suit)

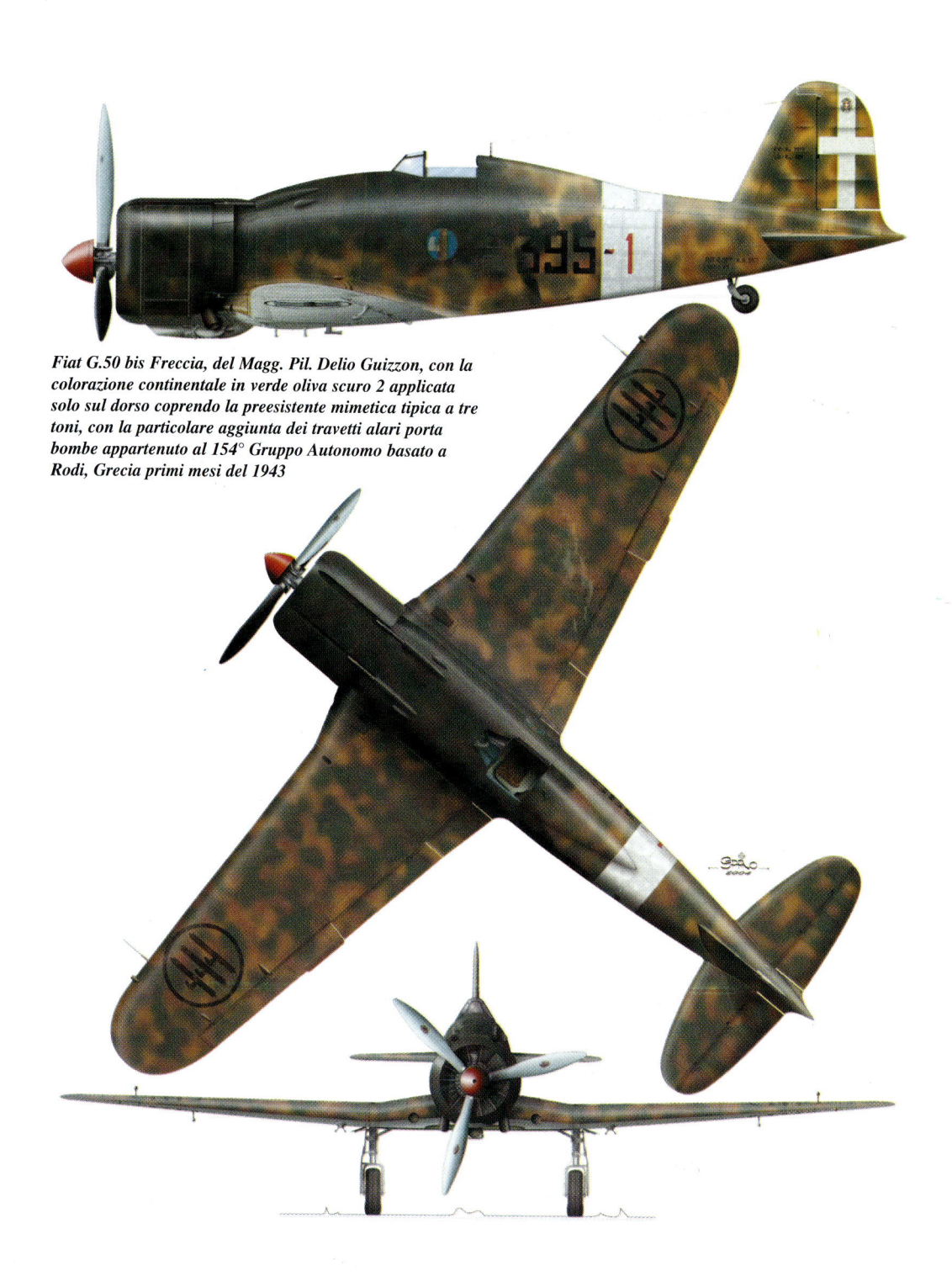

Fiat G.50 bis Freccia, del Magg. Pil. Delio Guizzon, con la colorazione continentale in verde oliva scuro 2 applicata solo sul dorso coprendo la preesistente mimetica tipica a tre toni, con la particolare aggiunta dei travetti alari porta bombe appartenuto al 154° Gruppo Autonomo basato a Rodi, Grecia primi mesi del 1943

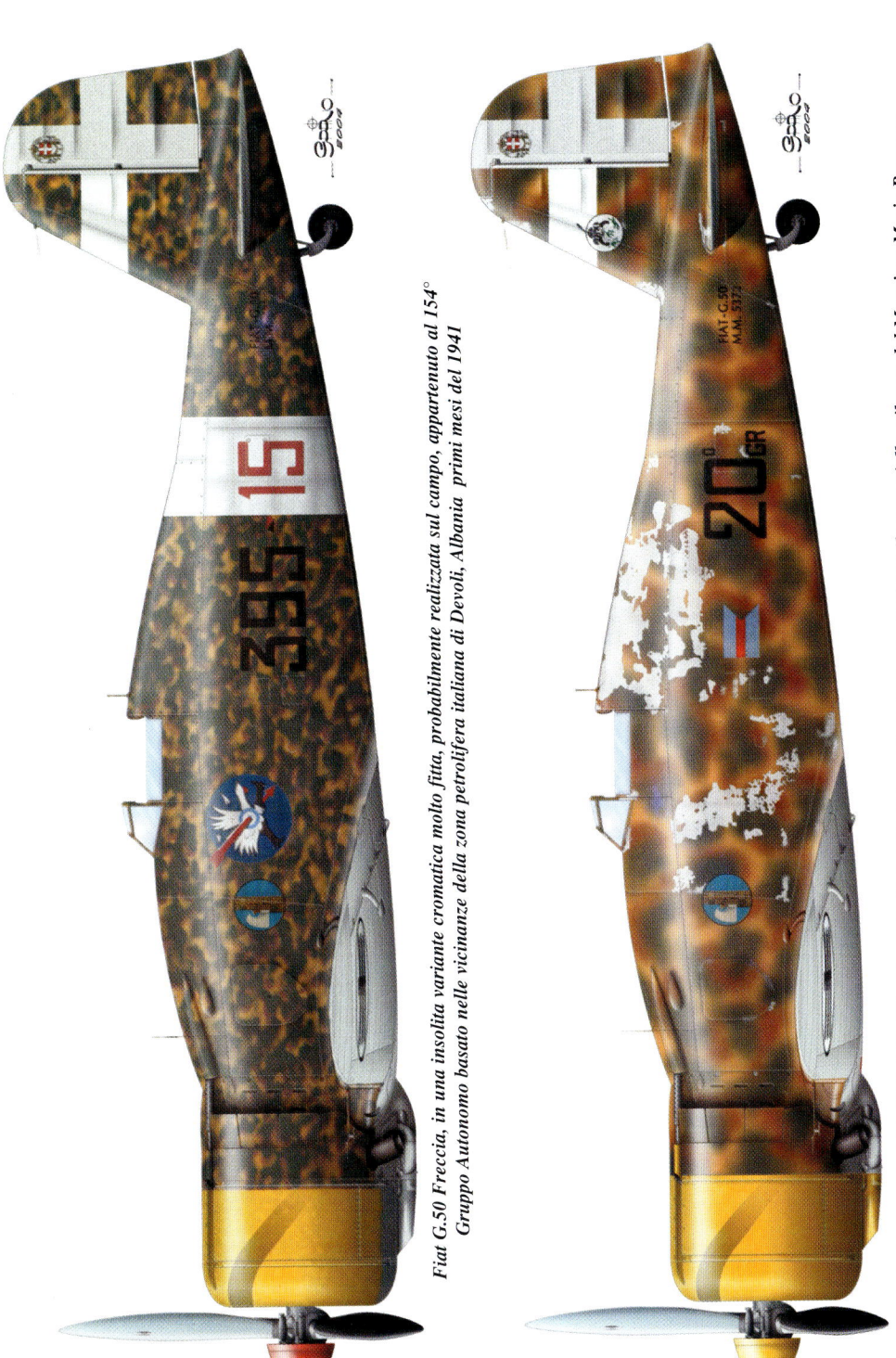

Fiat G.50 Freccia, in una insolita variante cromatica molto fitta, probabilmente realizzata sul campo, appartenuto al 154° Gruppo Autonomo basato nelle vicinanze della zona petrolifera italiana di Devoli, Albania primi mesi del 1941

Fiat G.50 Freccia M.M. 5372 della IV serie costruttiva nella tipica colorazione a tre toni con il muso giallo, pilotato dal Maggiore Mario Bonzano, Comandante del 20° Gruppo, 56° Stormo C.T. basato a Maldegen, Belgio novembre 1940

gregario, attaccava e colpiva un primo bombardiere, ritenendo di averlo abbattuto. Poi subito dopo ne attaccava un secondo, visto scomporsi nel cielo e allontanarsi dalla verticale del campo con un groppo di fumo dai piani di coda. Si trattava del Blenheim codificato *L1487*, ai comandi del Flying Officer R.D. Campbell, con a bordo il suo mitragliere (Sgt. R. Appleyard) ferito al capo. L'aereo inglese, seguito dal nostro pilota, fu visto compiere un disperato ammaraggio a Sud-Ovest di Valona, nei pressi di Punta Linguetta, dove l'equipaggio avrebbe trovato morte sicura, se non fosse intervenuto lo stesso Ten. Pil. Livio Bassi. Questi, avvistato un cacciatorpediniere italiano nelle vicinanze, con l'ondeggiare delle ali e con la prua rivolta verso il punto dell'ammaraggio, (non v'era infatti alcuna possibilità di comunicare via radio) alla fine fece intuire ai marinai dell'unità della Regia Marina che vi era qualcosa d'importante verso il punto indicato dall'alto. Fu così che l'unità italiana poté giungere sul posto e salvare gli uomini di bordo, anche se il pilota ed il mitragliere si erano già tuffati in mare, raggiungendo a nuoto le ripide scogliere della zona, senza la possibilità di trovare un appiglio, cosa che li avrebbe portati a morte sicura, per assideramento. Furono fatti tutti prigionieri, ma "salvati" dalla generosità del Tenente Livio Bassi, un simpatico ufficiale siciliano di Trapani.

Le quotidiane azioni belliche dell'una e dell'altra fazione portavano spesso a scontri furibondi nei cieli di Grecia o su quelli d'Albania, con risultati alterni, per i quali ognuno dei contendenti assicurava di esserne uscito vincitore. La morte era la sola compagna di tante scene di guerra, poiché le perdite effettivamente interessavano entrambi gli schieramenti. Non importa se oggi scopriamo esiti discordanti, talvolta fin troppo sconcertanti, ma il FIAT G.50, il nostro "protagonista", non brillò in nessun modo nemmeno nei cieli di quel fronte dove gli inglesi, insieme con i loro alleati ellenici, si batterono con uguale valore ed ardore dei nostri.

Quando la RAF volle affiancare ai pur validi, sebbene contrastabili Gloster Gladiator II, i micidiali Hawker Hurricane Mk.1, l'ordine dei fattori mutò di colpo.

I MICIDIALI HAWKER HURRICANE I

Dopo altri scontri nei cieli di Grecia, sostenuti essenzialmente dai FIAT G.50, con quelle alterne fortune appena menzionate, giungiamo alla data del 17 febbraio 1941, quando arrivarono sull'aeroporto di Paramythia, direttamente dall'Egitto, sei Hawker Hurricane Mk.1 al comando del Flt. Lt. G. W.V. "Jimmie" Kettlewell, aerei che furono

C.T. and FIAT G.50 from the 154° Gruppo Aut. C.T., which had been scrambled to confront the raid. Tenente Pilota Livio Bassi of the 395^ Squadriglia, flying a FIAT G.50, attacked and hit, together with his wing man, the first bomber, reporting it as destroyed, and then turned on a second, which he reported flying away from the airfield and trailing smoke from the tailplane. This was Blenheim L1487, flown by Flying Officer R.D.Campbell, whose gunner (Sgt. R. Appleyard) had suffered head wounds. The British aircraft, followed by the Italian pilot, was observed to make a desperate ditching southwest of Valona, near Punta Linguetta, where the crew would have certainly met their death but for the actions of Tenente Pilota Livio Bassi. Noting an Italian destroyer in the vicinity, he flew over the vessel, rocking his wings, and pointed the aircraft towards the ditched aircraft (radio communications being non-existent), indicating to the sailors on the Regia Marina warship that there was a matter of interest requiring their attention. The destroyer located the two airmen, who had already swum to the rocks off the coast, but were unable to climb onto them or to get any grip for support: they were awaiting their inevitable death by drowning. They were rescued, and taken prisoner, their 'salvation' due to the generosity of Tenente Livio Bassi, a friendly Sicilian officer from Trapani.

The daily missions flown by one or other faction in the skies over Greece and Albania were frequently stalemates, or balanced by alternate successes or failures, but with each side being certain that it had emerged victorious. Death was the only constant companion, as the losses effectively were afflicted on both parties. The inaccuracies of claims made in the theatre is not of value today, but it is true to say that our subject, the FIAT G.50, did not in any way stand out during operations in the sector, where the British, together with their Greek allies, matched the Italians with equal bravery and tenacity.

When the R.A.F. chose to accompany the valid, although not undefeatable, Gloster Gladiator II with the deadly Hawker Hurricane Mk.1, the scenario for the Italians was to change for the worse.

The lethal Hawker Hurricane I

After further clashes in the skies of Greece, involving mainly the FIAT G.50, and featuring the already described alternating fortunes, the balance was to change on 17 February 1941, when, coming from Egypt, six Hawker Hurricane Mk.1 arrived at Paramythia airfield, led by Flt.Lt G.V.G.."Jimmie" Kettlewell, and which were quickly incorpo-

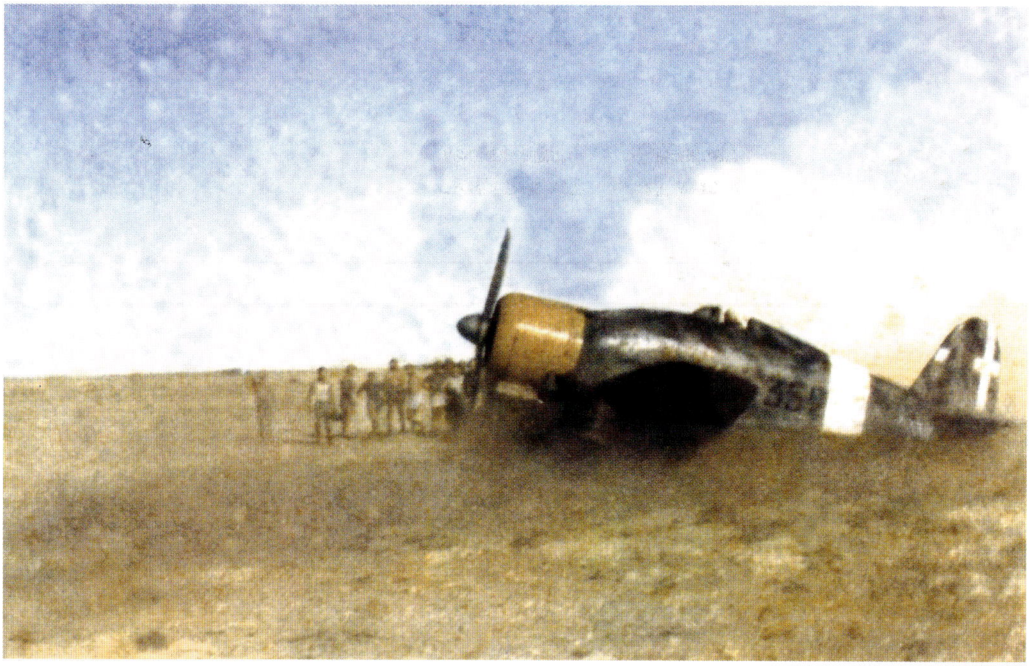

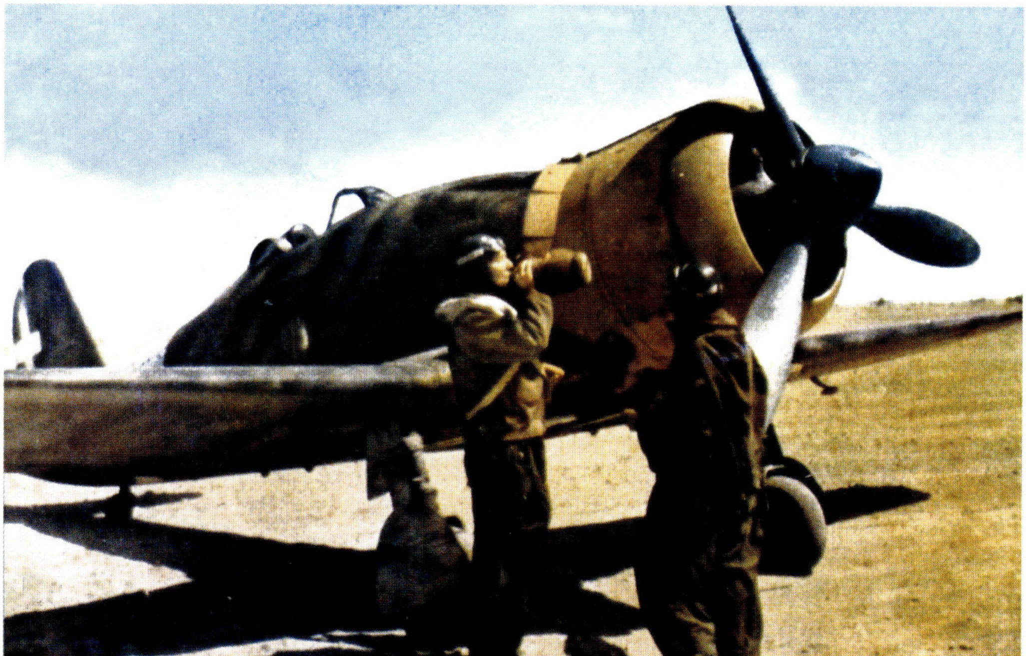

Attività di volo nel deserto libico-egiziano per i primi FIAT G.50 "bis" del 20° Gruppo Autonomo C.T., reduce dal disciolto C.A.I. (Belgio), ma trasferito d'urgenza in Libia (Foto Arch. dell'Autore)

Operations over the Libyan and Egyptian desert. This Squadron are the survivors from the disbanded C.A.I. deployment to Belgium, which were urgently transferred to Libya

subito inseriti nel più che provato Fighter Squadron 80.

L'unità comprendeva piloti della RAF di un certo prestigio, già distintisi sul fronte libico-egiziano, reduci di quella fortunata offensiva inglese sferrata il 9 dicembre 1940 del Generale Archibald Wavell, che aveva costretto le truppe italiane del Maresciallo Rodolfo Graziani ad arretrare fin sui confini della Tripolitania.

Al mattino del 20 febbraio 1941, verso le ore 9, quindici FIAT G.50 del 154° Gruppo Aut. C.T. decollavano dalla loro base per assicurare la scorta ad un Ro 37 "bis" in ricognizione sopra Kelcyre-Tepeleni. Dopo soli trenta minuti la formazione italiana incontrava un pattuglione di Gloster Gladiator 2

FIAT G.50 del 20° Gruppo C.T. (56° Stormo Caccia Terrestre) in volo di trasferimento verso la base di rischieramento in Belgio, impegnati nello scavalcamento delle Alpi orientali di confine (Foto C. Lucchini)

FIAT G.50 of the 20° Gruppo C.A. (56°Stormo Caccia Terrestre). Seen here crossing the Eastern Alps

greci, in compagnia di alcuni PZL 24 del 22 Mira. Gli italiani ebbero l'impressione di avere di fronte trenta-trentacinque aerei nemici, anch'essi apparentemente impegnati nella scorta di bombardieri e ricognitori. In effetti, si trattava di soli diciannove caccia avversari, i cui piloti a loro volta dichiararono di essere stati fronteggiati da un'impressionante formazione di aerei italiani! Battaglia inevitabile, al termine della quale i piloti greci si aggiudicavano l'abbattimento di due FIAT G.50, mentre il Sgt. Epaminindas Dagoulas, sempre del 22 Mira, si aggiudicava l'abbattimento dell'isolato Ro 37 "bis". Niente di più falso e inesatto, poiché la formazione italiana non subì alcuna

rated into the already proven 80 (Fighter) Squadron.

This unit wad been assigned R.A.F. aircrew who had already gained a level of prestige on the Libyan and Egyptian fronts, veterans of the successful British offensive launched on 9 December 1940 by Generale Archibald Wavell, which forced the Italian troops of Maresciallo Rodolfo Graziani to withdraw as far as the borders of Tripolitania.

On the morning of 20 Februay 1941, at around 9, fifteen FIAT G.50 of the 154° Gruppo Aut. C.T. took off from their base to provide top cover for an Ro 37 "bis" tasked with a reconnaissance mission above Kelcyre-Tepeleni. After only thirty minutes the Italian formation met a flight of Greek Gloster Gladiator II, in company with some PZL 24 of the 22 Mira. The Italians believed that they had met a thirty to thirty five strong formation, also engaged in protecting bombers and reconnaissance aircraft. However, there were only nineteen enemy fighters, whose pilots in turn declared that they had faced an equally high number of Italian fighters! The inevitable battle commenced, at the end of which the Greek pilots claimed the destruction of two FIAT G.50, while Sgt.Epaminindas Dagoulas, serving with the 22 Mira, claimed the kill of the lonely Ro 37 "bis". Nothing could be further from the truth, and the Italian formation suffered no combat losses, and the reconnaissance aircraft was only lightly damaged by anti-aircraft fire. Two G.50, flown by Tenenti Walter Franchino and Alfredo Fusco suffered minor machine gun damage. One of the two monoplanes, however, made a disastrous forced landing at its base, but there was nothing to justify the claims of the Greeks. The claim by the Italians to have downed

Manutenzione all'aperto sul campo di Maldegem (Belgio) per un FIAT G.50 della 352^ Squadruiglia (20° Gruppo/56° Stormo C.T.), sotto una perfetta mimetizzazione curata dai tedeschi (Foto A.M.)

Field maintenance at Maldegem – Belgium – for a FIAT G.50 of 352^ Squadriglia (20° Gruppo/56° Stormo C.T.) under a perfect Germam camouflage!

Interessante e rara coppia di FIAT G.50 della 395^ Squadriglia (154° Gruppo Aut. C.T.) ripresi sul campo di Brindisi nel pieno della primavera del 1941. Notare la differente tenuta mimetica dei due velivoli, a reticolo fitto il primo, a macchie più rade il secondo, entrambi caratterizzati dalla naca dipinta di giallo cromo (Foto L. Matelli)

An interesting and rare pair of FIAT G.50 from the 395^ Squadriglia (154° Gruppo Aut. C.T.), photographed at Brindisi in the Spring of 1941. Note the differing camouflage schemes of the two aircraft, one with a denser camouflage: both, however, have a chrome yellow cowling

FIAT G.50 del 155°Gruppo Autonomo C.T. giunto sul fronte africano (Foto R. Sgarzi)

FIAT G.50 of the 155°Gruppo Aut. C.T. arrive at the African front

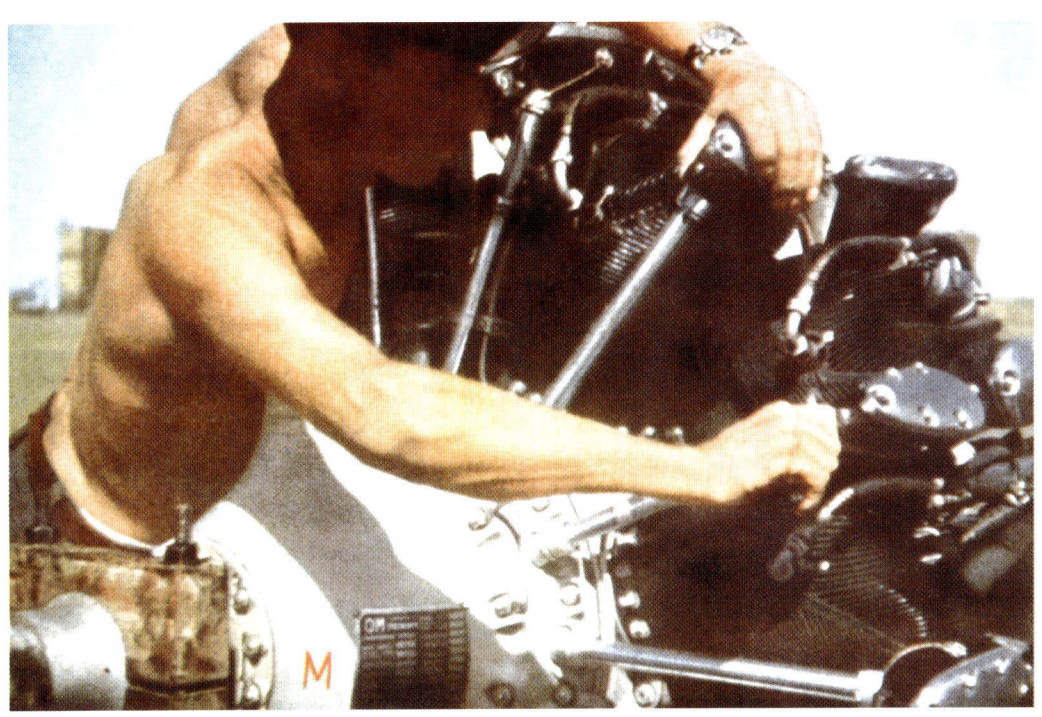

eight enemy fighters was similarly optimistic, as the entire Greek formation returned safely to its airfield of departure.

Little more than an hour later eight Bristol Blenheim of 84 (Bomber) Squadron, accompanied by three more Blenheim of 30 Squadron, and escorted by six Hurricane Mk.1, making practically their first sortie in the Greek theatre, attacked objectives near Tepeleni, being spotted, but not attacked, but six FIAT CR 42!

In the early hours of the afternoon of the same day, eight Gloster Gladiator II of 80 (Fighter) Squadron and nine from 112 Squadron departed the airfield at Paramythia bound for Janina. It was 14.45, and at high level they divided into flights of five aircraft, escorting two Wellingtons from 37 (Bomber) Squadron flying with a few Greek Junkers Ju 52/3m, all tasked with attacking concentrations of Italian troops in the Kelcyre area. The mission was successfully completed, despite adverse weather conditions and violent anti-aircraft fire, but which in any case caused no damage to the enemy.

The disastrous day of 20 February 1941 was concluded with a new attack mounted by the R.A.F., when at 15,30 around seventeen Bristol Blenheim I (eight from 84 [Bomber] Squadron, six from 211, and three from 30 Squadron) appeared in the sky over Berat, escorted by six deadly and ever-present Hurricane Mk.1 of 80 (Fighter) Squadron, led by Flt.Lt.M.T.Pattle, an established R.A.F. ace. Immediately an initial six FIAT G.50 from the 395^ Squadriglia and others from the 361^ were scrambled, all part of the 154° Gruppo Aut. C.T. whose base was

Un giovane specialista del 155° Gruppo Aut. C.T. impegnato nella revisione di un motore di FIAT G.50, il poco efficace FIAT A.74 RC 38 dalla modesta potenza di 840 CV (Foto Arch. dell'Autore)

A young ground technician of 155° Gruppo Aut. C.T. engaged in maintenance on the G.50's engine, the unreliable FIAT A.74 RC 38, which delivered a modest 840hp

perdita in battaglia, se non il lieve danneggiamento del ricognitore, ma per merito della contraerea e di due soli FIAT G.50, raggiunti da alcuni colpi, velivoli pilotati dai Tenenti Walter Franchino e Alfredo Fusco. Uno dei due monoplani in effetti, dovette, però, compiere un rovinoso atterraggio sulla propria base, distruggendosi, ma niente di più su quanto affermavano i piloti avversari. Altrettanta smentita per gli otto caccia nemici ritenuti abbattuti dai piloti italiani, poiché l'intera formazione ellenica rientrò indenne alla sua base di partenza!
Poco meno di un'ora dopo otto Bristol Blenheim del Bomber Squadron 84, affiancati da tre velivoli similari del 30 Squadron, scortati dai sei Hurricane Mk.1, praticamente alla loro prima sortita sul fronte greco-albanese, attaccavano obiettivi nei pressi di Tepeleni, avvistati ma non contrastati da sei FIAT CR 42!
Nelle primissime ore del pomeriggio dello stesso giorno, otto Gloster Gladiator II del Fighter Squadron 80 e nove del 112 Squadron decollavano dal campo di Paramythia alla volta di Janina. Erano le ore 14.45 e in pattuglie di cinque velivoli si frazionarono in quota, per scortare due Wellington del Bomber Squadron 37, affiancati da alcuni Junkers Ju 52/3m greci, incaricati tutti di attaccare concentramenti di truppe italiane nell'area di Kelcyre. Missione compiuta regolarmente, nonostante condizioni meteo avverse e violenta reazione antiaerea, che in ogni caso non procurò alcun danno al nemico!
La sciagurata giornata del 20 febbraio 1941 doveva chiudersi con un nuovo attacco della RAF, quando alle ore 15,30 circa diciassette Bristol Blenheim I (otto del Bomber Squadron 84, sei del 211 e tre del 30 Squadrons) comparvero nel cielo di Berat, sotto la scorta dei micidiali e onnipresenti sei Hawker Hurricane Mk.1 del Fighter Squadron 80, guidati in volo dal Flt.Lt.M.T.Pattle, un asso della RAF! Immediato decollo su allarme dei primi sei FIAT G.50 della 395^ Squadriglia ed altrettanti della 361^, tutti del 154° Gruppo Aut. C.T. dal campo di Berat. Decollo in pattuglie strette, ma qualche aereo dovette procedere isolato; una rapida rincorsa sul campo ridotto ad un mare di fango ed ecco i nostri caccia in quota verso il nemico. Un tetto di nuvole basse ostacolava la perfetta visibilità, ma i nostri caccia si erano già portati nei pressi dei Bristol Blenheim, pronti a sganciare il loro carico di bombe. Fra i piloti italiani vi era ancora il Tenente Alfredo Fusco, già protagonista della battaglia mattutina e nonostante avesse avuto l'autorizzazione da parte del suo comandante di rimanere a terra, egli era stato il primo a raggiungere il suo FIAT G.50 e decollare con gli altri, primo ad avvicinarsi ai "bombers" della RAF, quando ecco calare dall'alto i sei Hurricane Mk.1 del Capitano Plattle. Gran frastuono di spari e prime parabole fumose scendere in basso. Alle prime raffiche delle sei mitragliatrici alari Colt Browning Cal.303-inch (6,6967 mm) dei caccia inglesi, dal ritmo impressionante – 1000 colpi al minuto primo – il FIAT G.50 del Ten.Pilota Alfredo Fusco era colpito in pieno e fatto esplodere in aria. Un altro FIAT

at Berat. The take off was in tight formation, but a few aircraft departed individually, eventually rejoining above the airfield, now reduced to a sea of mud. The low cloudbase hampered in-flight visibility, but the Italians found themselves close to the Blenheim formation, which was about to drop its bomb load onto the target. Amongst the Italian pilots was Tenente Alfredo Fusco, already a protagonist that morning in one of the dogfights, and who despite having been authorised by his commander to stay on the ground, was one of the first to reach his FIAT G.50 and scramble. He was also one of the first to approach the R.A.F. bombers, but suddenly, from on high, arrived the six Hurricane Mk.1 of Flight Lieutenant Plattle. The sky filled with gunfire, and smoke trails began to appear. The first bursts of the six wing-mounted Colt Browning 303" calibre (6.6967 mm) machine guns in the Hurricane, which fired at an impressive rate – 1000 rounds in the first minute – caught the FIAT G.50 of Tenente Pilota Alfredo Fusco, and it blew up in mid-air. Another FIAT G.50 manoeuvred agilely round the enemy formation, hitting more than one aircraft, particularly L8542 of 211 Squadron, flown by Pilot Officer J.C.Cox, but the rapid intervention of two watchful Hurricanes saw the audacious Italian pilot receive major damage to his aircraft. This was Tenente Pilota Livio Bassi, who, injured, and with his aircraft in flames, made a desperate return to base. He arrived safely, but horribly burned all over his body, and some 43 days after the combat he passed away in the "Celio" hospital in Roma, to where he had been repatriated from Albania in an ambulance aircraft. The FIAT G.50 of Sergente Gambetta also returned to Berat with light damage.

Another Bristol Blenheim, belonging to 30 (Bomber) Squadron, was hit in one engine, but the pilot, Sgt. G.W. Ratlidge, was able to return to his base at Paramythia. Also involved in the action were the some FIAT CR 42, airborne immediately after the G.50, and which together with the G.50 pursued the enemy bombers. On this return leg the Italians encountered some Gladiator II of 80 and 112 Squadrons, engaging them in battle, during which the R.A.F. pilots claimed to have downed further Italian fighters. This was the opposite of reality, but their optimism was matched by the Italians, who reported the destruction of a Bristol Blenheim. The only combat losses suffered by units of the Regia Aeronautica on that day were the FIAT G.50 of Tenenti Piloti Alfredo Fusco and Livio Bassi, both of whom were awarded posthumous Medaglie d'Oro al V.M.

Three days, twelve FIAT G.50 of the 154° Gruppo Autonomo C.T. were able to gain some revenge for the encounter of 20 February when they duelled with a force of Greek Gladiator and PZL, downing two PZL, one from the 22 Mira, the other from the 23, causing the deaths of Sgt.Costantinos Chrizopoulos and Capitain Nicholaos Scroubelos. On this occasion, the Greeks claimed to have destroyed three Italian aircraft.

G.50 si vide manovrare elegantemente attorno alle formazioni degli avversari, colpendo più di un aereo nemico, in particolare l'esemplare codificato *L8542*, dello Squadron 211, ai comandi del Pilot Officer J.C. Cox, ma il pronto intervento di due scatenatissimi Hurricane colpì l'aereo dell'audace cacciatore italiano. Si trattava del Ten. Pil. Livio Bassi, che, ferito e con l'aereo in fiamme, tentò un disperato rientro alla base, dove giunse, sì, ma riportando orribili ustioni in tutto il corpo. Il Tenente morì dopo ben 43 giorni di penosa agonia presso l'ospedale "Il Celio" di Roma, ove era stato trasportato dall'Albania con un aereo soccorso. Il FIAT G.50 del Sergente Gambetta rientrò alla base di Berat lievemente danneggiato.

Un altro Bristol Blenheim, appartenente al Bomber Squadron 30, fu colpito ad un motore, ma il pilota, Sgt. G.W. Ratlidge, riuscì ugualmente a raggiungere la base di Paramythia. Al combattimento parteciparono anche dei FIAT CR 42, levatisi immediatamente dopo i G.50, che inseguirono con questi le formazioni dei bombardieri nemici, incontrando e combattendo sulla loro rotta con alcuni Gloster Gladiator II degli Squadrons 80 e 112. Nella battaglia i piloti della RAF ritennero di avere abbattuto altri caccia italiani. Niente di più falso e inesatto, come è doveroso smentire l'abbattimento di un Bristol Blenheim da parte italiana. Le due uniche perdite dei reparti della Regia Aeronautica, quel giorno furono i FIAT G.50 dei Tenenti Piloti Alfredo Fusco e Livio Bassi, ai quali fu concessa la Medaglia d'Oro al V.M. "alla memoria".

Tre giorni dopo dodici FIAT G.50 del 154° Gruppo Autonomo C.T. si rifecero in parte del duro scontro del 20 febbraio, contro una formazione di Gloster Gladiator e PZL greci. Abbatterono due PZL, uno del 21 Mira, l'altro del 23 e procurando la morte del Sgt. Costantinos Chrizopoulos e del Capitano Nicholaos Scroubelos, anche se i greci ritennero di averci abbattuto tre caccia!

Nuova battaglia aerea alla data del 27 febbraio 1941, svoltasi nel cielo di Valona. Primi ad intervenire i FIAT CR 42 del 150° Gruppo Aut. C.T., che durante un servizio di vigilanza nel cielo-campo i piloti del Com/te Rolando Pratelli avvistavano nove Bristol Blenheim I, sei del Bomber Squadron 211 e tre dello Squadron 11, scortati da cinque Hurricane del solito Fighter Squadron 80, rinforzati da altri caccia appartenenti allo Squadron 33. Nonostante la presenza dei temibili monoplani della RAF, gli sguscianti caccia italiani attaccavano i bombardieri, costringendo due di questi a compiere atterraggi forzati sul campo di Paramythia, dopo essere stati ripetutamente colpiti in punti vitali. L'esemplare con code number *N3579* andò completamente distrutto.

Superata l'iniziale sorpresa, i cacciatori della RAF attaccarono con ferocia i caccia italiani, i cui piloti si difesero come meglio fu loro possibile. Alla fine dello scontro lo Squadron inglese si aggiudicava ben sette aerei abbattuti! Ma a distanza di decenni possiamo tranquil-

RELAZIONI GIORNALIERE

DATA
1940
IX
22

Apparecchi bellicamente efficienti: G. 50 - N° 45.-
I seguenti prospetti contengono gli elenchi degli equipaggi che si trasferiscono in volo, ripartiti per squadriglia. La rimanente parte del personale, si trasferisce in treno.

Elenco del personale della 351° squadriglia che si trasferisce in volo.-

PATTUGLIE G. 50	EQUIPAGGI CAPRONI 133
1ª Pattuglia	**1° Apparecchio**
Col.Pil. CHIESA Umberto	Ten.Pilota CUGNASCA Carlo
Cap.Pil. CALLIERI Gino	Mar.Pilota MARINELLI Angelo
Ten.Pil. SPAGNOLINI Riccardo	Serg.M.Mot.GAGGI Luigi
2ª Pattuglia	Serg.M.El. POMARE' Bruno
Cap.Pil. ALESSANDRINI Aldo	1° Av.Mot. PILLONI Efisio
Mar.Pil. GIUNTA Eugenio	1° Av.Mont. MENGONI Remo
Serg.M.Pil.GALETTI Artidoro	Av.Sc.Mot. GRISETTI Carlo
3ª Pattuglia	**2° Apparecchio**
Ten.Pil. MOLINARI Serafino	Ten.Pilota CARACCIOLO G.Battista
Serg.M.Pil.CAROLI Luigi	Serg.M.Pil.DELL'ACQUA Ezio
Serg.Pil. MALAGOLA Willj	Serg.M.Mot.PARMA Sergio
4ª Pattuglia	1° Av.Mot. GALANTE Giacomo
Ten.Pil. LOMBARDI Dino	Av.Sc.Mot. GIAMBOTTINI Aldo
Serg.M.Pil.BONELLI Otello	Av.Sc.Mot.GIGANTE Gino
Serg.M.Pil.BEDESCHI Adalberto	Av.Sc.Mot. PACI Ferdinando
5ª Pattuglia	
Ten.Pil. FANELLO Angelo	
Serg.M.Pil.FAGIOLO Francesco	
Serg. Pil. ZANARDI Ferdinando	

Gli elenchi ufficiali dei piloti a bordo dei FIAT G.50 destinati in Belgio, accompagnati da due Caproni Ca 133 per Squadriglia (Foto Uff. Storico A.M.)

The official list of pilots on board the FIAT G.50 going to Belgium accompanied by two Caproni Ca.133 per Squadriglia

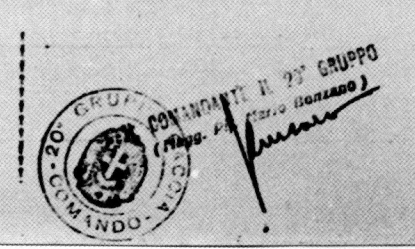

RELAZIONI GIORNALIERE

Elenco del personale della 352ª squadriglia C.T., che si tra=
sferiscie in volo.-

PATTUGLIE G. 50	EQUIPAGGI CAPRONI 133
1ª Pattuglia	**1° Apparecchio**
Cap.Pil. BORGOGNO Luigi	Ten.Pil. SANTANDREA Vincenzo
Ten.Pil. MONTEFUSCO Mario	Sergente P.VESCOVI Giovanni
Serg.M.P.BIANCHI Pietro	Serg.M.Mot.FAGA Stefano
2ª Pattuglia	1° Av.Mot. MOSCATI Nicola
Cap.Pil. BOVIO Mario	1° Av. Mot.PRIGIONE Francesco
Mar.Pil. JANNUCCI Maurizio	1° Av.Mot. CAGNA Eligio
Serg.M.P.DE SILVESTRI Renato	1° Av.R.T. SEMERIA Antonio
3ª Pattuglia	**2° Apparecchio**
Ten.Pil. RONCALI Mario	S.Ten.Pil. MINOZZI Fabio
Serg.M.P.VISENTIN Francesco	Serg.M.Pil.GUERCI Pietro
Serg.M.P.OGGIANO Alighiero	Serg.M.Mot.LIBRI Giovanni
4ª Pattuglia	1° AV. Mot.ALIPERTA Salvatore
Ten.Pil. MINUTO Oreste	1° Av. Mot.BALIVA Domenico
Serg.M.P.MANCINI Donato	1° Av. Mot.CONTE Rocco
Serg.M.P.PECCHIARI Francesco	1° Av.Mont.CIFONELLI Mario
5ª Pattuglia	
Ten.Pil. GALFETTI Vittorio	
S.Ten.Pil.OBERWEGER Giorgio	
Serg.M.P. MIRRIONE Giuseppe	

Elenco del personale della 353ª squadriglia C.T., che si tra=
sferisce in volo.-

PATTUGLIE G. 50

Magg. Pil. BONZANO Mario
Ten. Pil. MERLO Vittorio
Serg.M.Pil.MENEGHINI Remo

RELAZIONI GIORNALIERE

2ª Pattuglia
Ten.Pilota DEL PRETE Giampiero
Serg. Pil. CATENA Luigi
Serg.M.Pil. BALDACCI Bruno

3ª Pattuglia
Ten.Pilota CECCACCI Corrado
Serg. Pil. CARLUCCI Gennaro
S.Ten.Pil. BASCHIERA Lanfranco

4ª Pattuglia
Cap. Pil. ROVEDA Riccardo
Ten.Pilota CALAMAI Giuseppe
Serg.M.Pil. CAPONIGRO Ersio

5ª Pattuglia
Ten.Pilota TREVISAN Bruno
Serg.Pil. SIMONETTI Michele
Maresc.Pil. PORTA Eugenio

EQUIPAGGI CAPRONI 133

1º Apparecchio
Cap.Pil. NICLOT Furio
Serg.M.Pil. DOMENICI Gino
Mar.Mot. ROCCA Bruno
Serg.M.Mot. BRUGNOLI Umberto
Serg.M.Mon. ALCIATI Romolo
Av.Sc.Mot. ANDREINI Giovanni
Av.Sc.Mot. TOSELLO Luigi

2º Apparecchio
S.Ten.Pil. CONTI Aldo
Maresc.Pil. ZUCCA Mario
Serg.M.Mot. SANTOPADRE Angelo
1º Av. Mot. TRONCONI Mario
1º Av. Mot. FORMINI Derio
1º Av. Mot. BARBINA Mario
1º Av. Mont. FADRIS Severino

Il seguente prospetto contiene la situazione numerica e il tipo degli apparecchi in dotazione alle squadriglie:

Squadriglia	Apparecchi	
	G. 50	Ca. 133
351ª	15	2
352ª	15	2
353ª	15	2
TOTALE	45	6

Il Gruppo ha completato i preparativi di partenza il giorno 21 Settembre 1940 XVIII.-

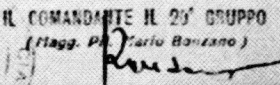

IL COMANDANTE IL 29º GRUPPO
(Magg. Pil. Mario Bonzano)

Un solitario FIAT G.50 del 20° Gruppo C.T. a Maldegem (Foto P. Pastrick/Via R. Ruhn)

A lonely FIAT G.50 of 20° Gruppo CT. at Maldegem

lamente smentire i figli d'Albione, ridimensionando tanto clamore britannico, enfatizzato soprattutto dal Flt. Lt. Pattle, dai Flying Officers R.N. Cullen, R.A. Acworth, "Flower" H.D. Wanklyn e dal Sgt. E.F.W. Hewett. In particolare quest'ultimo se ne aggiudicò addirittura due. Effettivamente le perdite da parte italiana furono di soli due velivoli: gli aerei pilotati dal S. Tenente Egidio Falconi, che pur ferito riuscì a lanciarsi col paracadute, mentre sorte amara per il Serg. Pil. Osvaldo Bartolaccini, che riuscito a lanciarsi gravemente ferito, giunse al suolo già morto! Un terzo caccia italiano venne distrutto al suolo dal bombardamento effettuato dai Blenheim I sul campo di Valona, ma niente di più, a fronte delle sette vittorie osannate alla loro base dai cacciatori inglesi!

Intensa attività aerea il giorno dopo, con la presenza di reparti provenienti dalla 4^ Squadra Aerea delle Puglie. Nel pomeriggio, infatti, dieci FIAT BR 20 del 37° Stormo B.T. stavano per giungere per primi, in formazione serrata, sopra l'obiettivo prescelto sul fronte greco-albanese, Golan. Ma prima di avvistare la zona i nostri equipaggi ritennero di essere attaccati da diciotto..."Spitfires"(!), anche se in realtà erano i soliti Hurricane, quattro appartenenti allo Squadron 80, decollati alla guida dell'abile Flt.Lt. Pattle, sull'aereo codificato *V7589*, insieme ai Flying Officers Cullen (*V7138*), Wanklin Flower (*V6749*), Acworth (*V7288*). Poco più tardi tale formazione fu raggiunta da altri tre Hurricane dello Squadron 33, insieme a undici Gloster Gladiator II del Fighter Squadron 112, rinforzati da sette dello Squadron 80, accompagnati dallo Squadron Leader Jones e dal

A new air battle occurred above Valona on 27 February 1941. First to intervene were the FIAT CR 42 of the 150° Gruppo Aut. C.T., when during a combat air patrol above the airfield the pilots of commander Com/te Rolando Pratelli spotted nine Bristol Blenheim I, six from 211 (Bomber) Squadron and three from 11 Squadron, escorted by five Hurricane fro the usual 80 (Fighter) Squadron 80, reinforced by further fighters from 33 Squadron. Despite the presence of the deadly R.A.F. monoplanes, the Italian fighters launched an attack on the bomber force, forcing two of them to make emergency landings on their return to Paramythia, having been repeatedly hit in vital areas. Blenehim N3579 was completely destroyed.

Having overcome their initial surprise, the R.A.F. fighter force launched a ferocious attack on their Italian opponents, who defended themselves as best as the were able. At the end of the clash the British units claimed some seven victories. However, with the benefit of hindsight the British claims can be re-evaluated, especially those of Flt. Lt. Pattle, Flying Officers Cullen, Acworth, Wanklyn, and Sgt. Hewertt: the latter claimed two victories. In fact, Italian losses totalled only two aircraft, one piloted by Sottotenente Egidio Falconi, who despite his wounds managed to parachute to safety, and the other of Sergente Pilota Osvaldo Bartolaccini, who met a more bitter end. Parachuting from his damaged aircraft, and suffering from wounds, on landing, he was discovered to have died during the descent. A third Italian fighter was destroyed on the ground by the bombing run performed by the Blenheim I on Valona airfield, but in truth, the day had not gone as successfully as the British aircrew had claimed.

There was intense air activity on the following day, with the involvement of units stationed with the 4^ Squadra Aerea in Puglia. In the afternoon, ten FIAT BR 20 of the 37° Stormo B.T. were the first to approach, in a tight formation, their target on the Greco-Albanian front, Golan, but before identifying the target area they reported being attacked by eighteen ... "Spitfires"(!), although in reality they were the usual Hurricane, four from 80 Squadron 80, airborne under the command of the able Flt.Lt.M.T.Pattle V7589), together with Flying Officers Cullen (V7138), Wanklin Flower (V6749), and Acworth (V7288). Shortly after this flight was joined by another three Hurricane from 33 Squadron, together with eleven Gloster Gladiator II of (112) Fighter Squadron 112, and seven from 80 Squadron 80, accompanied by Squadron Leader Jones and Wing Commander "Paddy" Coote in a biplane of 80 Squadron. Pattle's section, patrolling along the coast, intercepted the FIAT BR 20 south of Valona, attacking the Italian formation's right flank, and managing, after just three passes, to shoot down two bombers in flames. The prompt intervention by the Italian fighters, on this occasion the FIAT G.50, forced Pattle's Hurricanes to disengage and return to their base at Paramythia, with one aircraft lightly damaged. Flying Officers Flower Wanklin and R.A.Acwort shot down, however, a

Wing/Leader (Ten. Col.) "Paddy" Coote, a bordo di un biplano dell'80°. La sezione di Pattle, spintasi, infatti, lungo le coste, intercettava i FIAT BR 20 a Sud di Valona, ed attaccando il fianco destro della formazione italiana, riusciva dopo soli tre passaggi, ad abbattere due bimotori in fiamme. Pronto intervento della nostra caccia, questa volta dei FIAT G.50 che costrinse l'Hurricane del Cap.Pattle a disimpegnarsi, per rientrare con l'aereo leggermente danneggiato sulla base di Paramythia. I Flying Officers Flower Wanklin e R.A.Acworth abbattevano, però, un terzo FIAT BR 20, colpendone in contemporanea degli altri, tanto da costringere i superstiti sette bombardieri del 37° Stormo B.T. ad invertire la rotta e compiere atterraggi di fortuna nei pressi d'Otranto. A bordo di due bimotori vi erano dei feriti ed un giovane graduato specialista già morto.

Nel cielo di Golan e Kuci giungevano nel frattempo tre piccole formazioni di S.79 del 104° e del 105° Gruppo B.T., intercettate immediatamente dai Gloster Gladiators II degli Squadrons 80 e 112, ai quali si affiancò un singolo Hurricane Mk.1 del Fighter Squadron 33, pilotato dal Flg. Off. Newton. La battaglia si sviluppò in un arco di cielo immenso, con l'intervento della nostra caccia di scorta, FIAT G.50 del 24° Gruppo Aut. C.T. e FIAT CR 42 del 160°.

Al termine di questa feroce battaglia, svoltasi tra sprazzi di nuvole e ritagli di azzurro, i cacciatori della RAF dichiararono di aver abbattuto ben ventisette aerei italiani. Una autentica "strage", in quanto dovevano essere sommati i cinque FIAT BR 20 abbattuti al primo scontro, con due danneggiati, oltre ad un S.79 abbattuto e due danneggiati. Alla somma dei bombardieri gli inglesi aggiungevano l'abbattimento di due FIAT CR 42, con uno probabile. Affermazioni fatte dal Flt. Lt. Pattle, che dopo essere stato costretto ad abbandonare il cielo del primo scontro ed atterrare precipitosamente a Paramythia, preso dalla frenesia di voler tornare in battaglia decollava con un altro Hurricane

Rifornimento per un FIAT G.50 della 352^ Squadriglia C.T. a Maldegem (Foto A.M.)

Refueling for a FIAT G.50 of 352^ Squadriglia C.T. at Maldegem

third FIAT BR 20, and damaged others during the same attack, sufficient to compel the remaining seven bombers of the 37° Stormo B.T. to reverse their route and make forced landings near Otranto. On board two of the bombers were injuries, and one young senior NCO already dead.

The airspace over Golan and Kuci had, in the meantime, been reached by three small formations of S.79 of the 104° and 105° Gruppo B.T., which were intercepted immediately by the Gloster Gladiator II of 80 and 112 Squadrons, accompanied by a single Hurricane Mk.1 of 33 (Fighter) Squadron, flown by Flg.Off.Newton. The battle ranged over a wide area, and was joined by the Italian fighter escorts, FIAT G.50 from the 24° Gruppo Aut. C.T. and FIAT CR 42 of the 160°.

At the conclusion of this ferocious battle, staged between scattered clouds and wide areas of blue sky, the R.A.F. pilots claimed to have destroyed some twenty seven Italian aircraft, an authentic massacre, based on their reports of some five FIAT BR 20 downed during the first encounter, plus two damaged, plus one S.79 destroyed and two damaged. Besides the bombers, the British claimed to have downed two FIAT CR 42, plus one probable, "affirmations" made by Flt. Lt. Pattle, who having been forced to abandon the area of the first clash and land urgently at Paramythia, decided to return to the fray in another Hurricane (V7724), and managed to arrive on scene when the action was at its climax.

The Italians, however, on this day of tragedy, were somewhat more modest but equally confident in the combat reports that they submitted on returning to their bases: they reported six confirmed Gloster Gladiator kills, four by the fighters and two by the S.79 air gunners, with the addition of one ...."Spitfire" (which could not have been there), plus three probable Gladiators. In truth, they had downed but one

FIAT G.50 della 353^ Squadriglia del Com/te Riccardo Roveda ripresi sulla base di Maldegem, perfettamente mimetizzata secondo uno schema predisposto dai camerati germanici (Foto P. Patrick/Via R. Kuhn)

FIAT G.50 of the 353^ Squadriglia [led by Riccardo Roveda) on Maldegem airfield, perfectly camouflaged according to a plan conceived by their German comrades

(*V7724*), per giungere in tempo nel calderone dello scontro fra inglesi e italiani!

Gli italiani, però, in questa pur dolorosa giornata di lutti, furono molto più contenuti ma ugualmente smentiti nelle dichiarazioni delle vittorie riportate alle loro basi: l'abbattimento sicuro di sei Gloster Gladiators, quattro a causa dei cacciatori e due per merito dei mitraglieri degli S.79, con l'aggiunta d'uno... "Spitfire" (che non poteva esserci), più tre Gladiators probabili. In verità abbatterono un solo Gloster Gladiator II, e null'altro, se non procurare qualche lieve danno ad altri aeroplani, ma le perdite effettive italiane furono di soli quattro FIAT BR 20, insieme a diversi danneggiati, un solo S.79 danneggiato, un CR 42 abbattuto, uno seriamente danneggiato, due FIAT G.50 danneggiati, con il ferimento dei piloti, Cap. Ettore Foschini e Ten. Mario Bellagambi. Per la caccia perdemmo davvero quel CR 42 appena accennato, col suo pilota, S. Ten. Italo Traini, appartenente al 160° Gruppo Aut. C.T., mentre il S. Ten. Pil. Raul Francinetti, a bordo del CR 42 "394-4", rientrò a stento alla base di partenza, con l'aereo gravemente danneggiato, colpito lungo l'asse di fusoliera e particolarmente sugli impennaggi di coda. Ma non furono certamente ventisette gli aerei italiani perduti nella giornata del 28 febbraio 1941!

Nel pomeriggio del 4 marzo 1941 una formazione navale, composta da cinque unità della Regia Marina (l'incrociatore ausiliario *Riboty*, il cacciatorpediniere *Andromeda* e tre *MAS*), sotto potente scorta di FIAT G.50 e FIAT CR 42 del 24° Gruppo Aut. C.T., salparono da Valona per dirigere al largo delle coste greche, allo scopo di cannoneggiare la strada costiera nelle vicinanze di Himara e Porto Palermo. Immediato stato di allarme sugli aeroporti della RAF e subitaneo decollo di quindici Bristol Blenheim I, nove del Bomber Squadron 211 e cinque dello Squadron 84, alla guida del Wg. Cdr. J.R. Gordon-Finlayson e dello Sq/Ldr H.D.Jones, scortati da dieci Hurricane, seguiti da ben diciassette Gloster Gladiator (quattordici del Fighter Squadron 112 e tre dello Squadron 80). Quattro Hurricane del Fighter Squadron 80 erano alla guida dell'onnipresente Flt. Lt. Pattle, postosi a protezione del fianco destro dei bombardieri, con altri quattro del Fighter Squadron 33, posizionatisi sul fianco opposto. Gli altri due in coda ai pattuglioni.

Alle ore 15.00 in punto la formazione inglese avvistava le cinque unità della Regia Marina a dieci miglia a Sud di Valona, con l'attacco immediato dei bombardieri che fallirono i loro bersagli. Pronta reazione della caccia di scorta italiana, che pur non avvistando, di fatto, la fitta formazione dei Blenheim I, scambiando i caccia per "Spitfire" e Fairey Battle, si trovò comunque di fronte ai cacciatori della RAF, che al primo urto perdevano uno degli Hurricane (code *V7801*), colpito e abbattuto in fiamme da uno dei FIAT G.50. Il pilota della RAF, il Warrant Officer (M.llo) Harry Goodchild, seguiva la sorte del suo monoplano, perdendo la vita.

Gloster Gladiator II, and nothing else, apart from causing minor damage to some other opposing aircraft. Effective Italian losses comprised four FIAT BR 20, together with several damaged, one S.79 damaged, a CR 42 shot down and one seriously damaged, two FIAT G.50 damaged, with the wounding one the pilots, Capitano Ettore Foschini and Ten. Mario Bellagambi. The pilot of the destroyed CR 42 was Sottotenente Italo Traini, belonging to the 160° Gruppo Aut. C.T., while Sottotenente Pilota Raul Francinetti, in CR 42 "394-4", returned to his departure airfield with his aircraft severely damaged, especially along the fuselage and around the tailpane. However, the Italians certainly did not lose twenty seven aircraft on 28 February 1941!

In the afternoon of 4 March 1941 a naval force, composed of five Regia Marina warships (the auxiliary cruiser Riboty, the destroyer Andromeda, and three MAS), together with a potent air escort comprising the FIAT G.50 and FIAT CR 42 of the 24° Gruppo Aut. C.T., sailed from Valona and cruised down the Greek coast with the intention of bombarding the coastal roads around Himara and Porto Palermo. The R.A.F. airfields were immediately placed on alert, and a bomber force was scrambled, comprising fifteen Bristol Blenheim I, nine from 211(Bomber) Squadron and five from 84 Squadrons, led by Wdr.Cdr. J.R. Gordon-Finlayson and Sq. Ldr. H.D. Jones. Their escort comprised ten Hurricane, followed by some seventeen Gloster Gladiator (fourteen from 112 (Fighter) Squadron and three from 80 Squadron). The four Hurricane from 80 (Fighter) Squadron 80 were once again led by the ever-present Flt. Lt. Pattle, tasked with defending the bombers' right flank, with another four from 33 (Fighter) Squadron positioned on the opposite side. The other two took up a covering position behind the formation.

At precisely 15.00 the British formation spotted the five Regia Marina warships some ten miles south of Valona: the Blenheims attacked immediately, but missed their target. The Italian escort fighter force reacted swiftly, and despite failing to locate the heavy Blenheim formation, and mistaking the fighters for "Spitfires" and Fairey Battles, found themselves in a dogfight with the R.A.F. escorts, which in the first pass lost one of the Hurricanes (V7801), hit and downed in flames by one of the FIAT G.50. The British pilot, Warrant Officer Harry Goodchild, stayed with his aircraft, and lost his life.

The R.A.F. Hurricanes reacted immediately, with Pattle radioing his colleagues to attack the naval forces in pairs, given the failed intervention of the bombers: the small naval force relied for protection on their Italian fighter escort, which accepted the challenge. A single FIAT G.50 attacked the Hurricane Mk.1 of Pattle and that of his wing man. Flying Officer R.N.Cullen, at the same time. With practised combat manoeuvring skill it was easy for Pattle to shoot down his Italian attacker, who was seen descending in flames towards the mountains of the mainland, but a second FIAT G.50 riddled the Hurricane (V7288) of

Reazione immediata di tutti gli Hurricane I inglesi, con lo scatenato Cap.Pattle che ordinava via radio di attaccare in coppia le unità navali, dopo il fallito intervento dei bombardieri. Ma sulla piccola formazione navale volteggiavano i nostri cacciatori, che accettavano lo scontro. Un isolato FIAT G.50 attaccò contemporaneamente l'Hurricane Mk.1 di Pattle e quello del suo gregario, il Flying Officer R.N. Cullen. Grande ed abile manovra! Tuttavia per Pattle fu facile abbattere l'assalitore italiano, visto sprofondare in fiamme verso l'entroterra montagnoso, ma un secondo FIAT G.50 centrava l'Hurricane (*V7288*) di Cullen, abbattendolo nei pressi di Himara, dove il pilota australiano perdeva la vita. Spintosi verso Valona, il Flt. Lt. Pattle s'imbatteva in un altro isolato FIAT G.50, che riteneva di avere abbattuto in mare. Stessa sorte per un terzo G.50, abbattuto sul porto albanese. Nel cielo campo di Valona nove FIAT CR 42 cercarono di ostacolare l'azione dei cacciatori della RAF, ma secondo gli inglesi uno di questi fu colpito, perché un pinnacolo di fumo nero fu visto venir fuori dal motore. Il Sgt. E. W.F. Hewett, pilota del Fighter Squadron 80, si aggiudicò un FIAT G.50, abbattuto nei pressi di Himara e tre di una sezione di otto CR 42 nei pressi di Valona. Un altro abbattimento di FIAT G.50 era riportato dalle affermazioni di un pilota di Hurricane, il Pilot Officer W. Vale. Da parte dei piloti dei Gladiator... altra ennesima affermazioni di "stragi" italiane. Lo Sq. Ldr Brown riportava lo scontro fra FIAT G.50 e FIAT CR 42. Una terza sezione di Gladiators, alla guida del Flt. Lt. J. F. Fraser, intercettava alcuni FIAT G.50 isolati, infilatisi prontamente tra le nubi, ma prima di questa manovra egli ritenne di averne abbattuto uno. Altro probabile abbattimento da parte del Flg. Off. R. A. Acworth, mentre il Flg.Off. AC. C. Banks avrebbe attaccato e abbattuto un altro FIAT G.50, dal quale avrebbe visto il pilota lanciarsi col paracadute!

Da parte italiana i piloti del 24° Gruppo Aut. C. T. si aggiudicarono quattro Gloster Gladiator, uno "Spitfire" ed un Fairey Battle, ma il S. Ten. Pil. Nicolò Cobolli Gigli della 355^ Squadriglia, pilota di CR 42, fu abbattuto, insieme al Serg. Pil. Marcello De Salvia della 354^, a bordo di FIAT G.50, mentre il Ten. Francesco Rocca, della stessa unità, rientrò alla base ferito in maniera non grave. Nessun altro velivolo italiano era stato perduto in questa nuova grande "euforica" giostra britannica, per cui possiamo tranquillamente smentire il Capitano Pattle e la sua "ciurma", ridimensionando clamorosamente le loro esaltanti affermazioni di vittorie, che colsero solo in misura modesta, seppure dolorosa, con l'abbattimento di due soli ed unici piloti non rientrati, ai quali fu conferita la Medaglia d'Oro al V.M., "alla memoria".

Una nuova battaglia aerea ebbe a svolgersi in quei giorni di marzo 1941, scaturita dalle pressanti esigenze dell'alto Comando anglo-ellenico, nel tentativo di arginare l'ormai consolidata iniziativa italo-tedesca, che cominciava con lo scardinare la resistenza dei nostri

Cullen, which came down near Himara, where the Australian pilot lost his life. Moving towards Valona, Flt.Lt.Pattle engaged another isolated FIAT G.50, which he reported as shooting down into the sea. The same fate met a third G.50, shot down over the Albanian port. Above the Valona airfield nine FIAT CR 42 tried to block the operations of the R.A.F. fighters, but according to the British one of these was hit, and seen to fly off, trailing thick smoke from its engine. Sgt.E.W.F.Hewett, a pilot with 80 (Fighter) Squadron, claimed a FIAT G.50, shot down near Himara, and three of a section of eight CR 42 near Valona. A further claim for a FIAT G.50 destroyed was made by a Hurricane pilot, Pilot Officer Vale. As for the Gladiator pilots....again they reported a massacre of Italian aircraft. Sq. Ldr Brown reported an engagement with FIAT G.50 and FIAT CR 42. A third section of Gladiators, led by Flt. Lt. J.F. Fraser, intercepted a few single FIAT G.50, which avoided combat by diving into the clouds, but prior to their manoeuvre the British pilot claimed the destruction of one of them. Another probable victory was claimed by Flg.Off.R.A.Acwort, while Flg.Off.A.C.Banks reported attacking and destroying another G.50, from which he saw the pilot parachute to safety!

On the Italian side, the pilots of the 24° Gruppo Aut. C.T. claimed four Gloster Gladiator, one "Spitfire" and a Fairey Battle, but Sottotenente Pilota Nicolò Cobolli Gigli of the 355^ Squadriglia, a CR 42 pilot, was shot down, together with Sergente Pilota Marcello De Salvia of the 354^, flying a FIAT G.50, while Tenente Francesco Rocca of the same unit managed to return to base despite suffering from non-fatal wounds. No other Italian aircraft was lost in this "euphoric British triumph", and the triumphant claims of Fl.Lt. Pattle and his colleagues are easily disproved. The actual result that they obtained on the day was the death of the two Italian pilots who failed to return, and who were awarded posthumous Medaglie d'Oro al V.M.

A new air battle would develop during the days of March 1941, provoked by the overwhelming requirement for the Italian commanders in Greece to bolster the newly consolidated Italo-German initiative, and

FIAT G.50 del 24° Gruppo Autonomo C.T. in partenza dall'Italia per l'aeroporto di Tirana. Si è aperto da poco il fronte greco-albanese! (Foto Arch. dell'Autore)

FIAT G.50 of the 24° Gruppo Autonomo C.T. leave Italy for Tirana airfield. Hostilities in Greece and Albania have just broken out!

Il Sergente Maggiore Pilota Piretro Bianchi, futura Medaglia d'Oro al V.M. del 51° Stormo, ripreso a bordo del suo FIAT G.50 presso la base di Maldegem (Foto Fam. Bianchi/Via C. Lucchini)

Flight Sergeant Pietro Bianchi, a future Gold Bravery Medal Winner of the 51° Stormo C.T., seen in his FIAT G.50 at Maldegem

avversari. Fin dai primi giorni del mese, piccole e poco indicative scaramucce annunciavano che la RAF non si rassegnava a ritenersi battuta, forte com'era del suo riconosciuto potenziale aeronautico, non tanto nella quantità dei mezzi, quanto nella qualità. Fu necessario in quel tempo rafforzare la linea della caccia in seno all'Aeronautica dell'Albania, con l'arrivo di Macchi MC 200, nella specifica quelli del 22° Gruppo Aut. C.T., che s'inserirono efficacemente nella situazione di un fronte dimostratosi sempre molto difficile.

Scontro nei primi di marzo fra FIAT G.50 e Gloster Gladiator del 112 Squadron, gli uni impegnati nella scorta di FIAT BR 20, gli altri nel tentativo di ostacolare le azioni offensive. Vi furono delle perdite da ambo le parti, con l'abbattimento di alcuni Gloster Gladiator e di FIAT G.50 del 24° Gruppo Aut. C.T., con la morte accertata del Magg. Pil. Cesare Valente e del Serg.Pil.Luigi Spallacci, entrambi del 24° Gruppo Aut. C.T., caduti l'11 marzo, mentre altri due cacciatori dello stesso reparto (Sergente Maggiore Ermes Lucchetto e Serg.Bruno Fava) rimasero feriti durante lo scontro. Al Serg. Luigi Spallacci, pilota della 355^ Squadriglia, fu conferita la Medaglia d'Oro al V.M., "alla memoria". Per parte inglese andò sicuramente perduto il Gloster Gladiator (*N5823*) pilotato dal Plt. Off. D. C. MacDonald, riuscito a lanciarsi col paracadute, mentre altri quattro biplani rientrarono alla loro base con i morsi delle nostre pallottole sparate dalle Breda Avio Modello SAFAT da 12,7 mm.

Dovevano essere queste le ultime battaglie nei cieli del fronte greco-albanese, dove alla migliore preparazione dei nostri avversari, dotati di velivoli più quotati, i piloti della Regia Aeronautica cercarono di contrapporsi col cuore, talvolta con la forza della disperazione.

which hinged upon the depletion of the resistance of their opponent. Since the beginning of the month, minor and inconclusive encounters had indicated that the R.A.F. did not consider itself a beaten force, strong as it was as an air power in terms of both quality and quantity of men and machines. It was judged necessary to reinforce the fighter fleet of the Aeronautica dell'Albania (Italian Air Force in Albania] with the deployment of Macchi MC 200, specifically to the 22° Gruppo Aut. C.T., which inserted itself capably into the situation on a front that was proving ever more difficult.

During early March there was a clash between FIAT G.50 and the Gloster Gladiator of 112 Squadron, the FIATS tasked with escorting FIAT BR 20 bombers, and their opponents engaged with hampering the offensive action. Losses were suffered on both sides, with the destruction of a few Gladiator and some FIAT G.50 of the 24° Gruppo Aut. C.T., causing the death of Maggiore Pilota Cesare Valente and Sergente Pilota Luigi Spallacci, both from the 24° Gruppo Aut. C.T., who fell on 11 March, while another two pilots from the same unit (Sergente Maggiore Ermes Lucchetto and Sergente Bruno Fava) suffered injuries during the action. Sergente Luigi Spallacci, a pilot of the 355^ Squadriglia, was awarded a posthumous Medaglia d'Oro al V.M. on the British side, confirmed as lost was the Gloster Gladiator (N5823) piloted by Plt. Off. McDonald, who managed to bail out, while another four biplanes returned to their home airfield with bullet holes from the shots fired by the Italian Breda Avio Modello SAFAT 12.7 mm machine guns.

These would be the final air combats in the skies of the Greco-Albanian front, where the better preparation of an enemy and the possession of better aircraft forced the pilots of the Regia Aeronautica to

Aeroporto di Maldegem. Il FIAT G.50 personale del Magg. Pil. Mario Bonzano, col numero di reparto ed il guidoncino di comando stampigliati sulle fiancate di fusoliera (Foto A.M./Via R. Sgarzi)

Maldegem airfield. The personal FIAT G.50 of Maggiore Pilota Mario Bonzano, with the unit number and commander's pennant painted on the fuselage side

Ancora poco incisiva e per nulla importante l'inizio della sporadica presenza dei FIAT G.50 sul territorio metropolitano. I tozzi monoplani da caccia incorporati nel 51° Stormo Caccia Terrestre di Roma Ciampino, con relativa 356^ Squadriglia del 21° Gruppo C.T. distaccata a Napoli Capodichino, prima ancora che l'uno diventasse *reparto quadro* e l'altro cedesse due delle proprie unità al 24° Gruppo Autonomo C.T. (354^ e 355^ Squadriglia), viste operare in Grecia, non riuscirono ad imbastire alcuna azione degna di nota, né sulla Capitale e tanto meno nei cieli partenopei. Soprattutto su questi ultimi, dove la RAF di Malta, come già detto all'inizio, proseguì ad attaccare di notte la città campana, con arditi squadroni di Wellington Mk.1, capaci di percorrere dall'aeroporto di Luqa fin sulla verticale di Napoli le loro tranquillissime 400/450 miglia, senza essere disturbati dalla caccia notturna italiana, nemmeno quando il reparto di Capodichino fu dotato di Macchi MC 200 ed anche di FIAT CR 42. Solo durante la notte del 5 dicembre 1941 un CR 42 della 356^ Squadriglia (21° Gruppo Autonomo C.T.), pilotato dal M.llo Vincenzo Patriarca, riuscì ad abbattere un Wellington del Bomber Squadron 40, causando la morte di 4 componenti dell'equipaggio e la cattura degli altri due, Comandante compreso, Pilot Officer Hutt.

rely on spirit and a force sometimes close to desperation to ensure that they were never dominated, or forced to turn tail!

Even less incisive and unimportant was the early sporadic use of the FIAT G.50 on the Italian mainland. The stubby fighter monoplanes assigned to the 51° Stormo Caccia Terrestre at Roma Ciampino, with the dependent 356^ Squadriglia of the 21° Gruppo C.T. detached to Napoli Capodichino, even before the first was placed "in quadro" and the second passed two of its own Squadriglie to the 24° Gruppo Autonomo C.T. (354^ e 355^ Squadriglie) for operations in Greece, managed no action worthy of note, either over the capital, or in the skies of Naples. Over Naples, where the R.A.F. units in Malta, as will be recalled from the start, had engaged in night attacks on the Campania region using the proven Wellington Mk.1 squadrons, capable of easily reaching the sky above Naples with their 400/450 mile range, the raids suffered no disturbance from the Italian night fighters, not even when the unit at Capodichino was equipped with Macchi MC 200 and also FIAT CR 42. Only on one night, 5 December 1941, did a CR 42 of the 356^ Squadriglia (21° Gruppo Autonomo C.T.), piloted by Maresciallo Vincenzo Patriarca, manage to shoot down a Wellington of 40(Bomber) Squadron, causing the death of four members of the crew and the capture of another two, including the Commander, Pilot Officer Hutt.

Il fronte dell'Africa settentrionale: il 155° Gruppo Aut. C.T. in azione

All'inizio delle ostilità l'Aeronautica della Libia, poi trasformata in 5^ Squadra Aerea, già alle dipendenze del Gen. S. A. Felice Porro, suddivisa in due Settori, quello dell'Ovest e quello dell'Est, non schierava alcun velivolo FIAT G.50 sui campi tripolitani o cirenaici, ma soltanto dei FIAT CR 32, rafforzati poco dopo da FIAT CR 42. Solo alla data del 27 dicembre 1940 giunsero sul suolo africano i primi ventisette *Freccia*, partiti dall'aeroporto di Brindisi e Grottaglie, per raggiungere Tripoli, via Pantelleria. Appartenevano al 2° Gruppo Aut. C.T. del Magg. Pilota Giuseppe Baylon, con le due unità, le Squadriglie 150^ e 152^, poco dopo rinforzate dalla 358^. Da Tripoli il reparto era spostato sul campo di Derna/Fteja, nel momento più difficile di tutto lo schieramento italiano, incalzato dalle forze britanniche dopo lo sfondamento delle linee alla data del 9 dicembre 1940 (*Operazione Compass*). Situazione drammatica per gli uomini del Com/te Giuseppe Baylon, giunti in Libia privi d'attrezzature e specialisti, rimasti ancora in Italia, in fase di trasferimento verso il nuovo teatro di lotta. La cosa peggiore fu quella di accorgersi subito, soprattutto da parte dei piloti, come i FIAT G.50, giunti in Libia privi di filtri antisabbia, si trovarono ad ingoiare quella finissima sabbia del deserto, che in poco tempo mise fuori uso l'intera linea di volo del reparto, costretto a versare i pessimi monoplani alla SRAM di Tripoli ed attendere che fossero revisionati e riparati dai danni procurati ai motori. Tutto questo, pur tardivamente, indusse i nostri responsabili a porre rimedio, ricorrendo all'installazioni dei necessari filtri antisabbia. Ma poco prima di tale evento importante, il piccolo reparto perdeva già, alla data del 9 gennaio 1941, il suo primo FIAT G.50, quello del Comandante la 150^ Squadriglia, Cap. Pilota Tullio Del Prato, scontratosi quasi "casualmente" sulla linea del fronte con un Hurricane Mk.1, che lo attaccava e lo danneggiava, costringendo il nostro pilota a compiere un difficoltoso atterraggio in pieno deserto, dove il monoplano andò parzialmente distrutto.

Poco prima della fine del mese di gennaio, in pratica il giorno 25, era la volta di un nuovo reparto della Regia Aeronautica a portarsi in Libia, con una linea di fiammanti FIAT G.50, ritirati da poco in Italia presso la CMASA di Pisa. Si trattava del neo costituito 155° Gruppo Autonomo C. T., al Comando del Magg. Pil. Luigi Bianchi, organizzato con la 351^, la 360^ e la 378^ Squadriglia, dotate con una linea di 31 velivoli, mentre la CMASA di Marina di Pisa e la stessa FIAT

North Africa: the 155° Gruppo Aut. C.T. in action on the front

At the beginning of hostilities, the Aeronautica della Libia [Italian Air Force in Libya], subsequently transformed into the 5^ Squadra Aerea reporting to Generale di Squadra Aerea Felice Porro, was subdivided into two sectors, Ovest [west] and Est [east]. There were no FIAT G.50 aircraft at the airfields in Tripolitana or Cirenaica, merely FIAT CR 32, which were reinforced shortly after by FIAT CR 42. The first twenty seven Freccia only arrived on African soil on 27 December 1940, coming from the airfields at Brindisi and Grottaglie, and reaching Tripoli after a stop over at Pantelleria. The fighters belonged to the 2° Gruppo Aut. C.T. of Maggiore Pilota Giuseppe Baylon, which parented two Squadriglie, the 150^ and 152^, and which shortly after gained the 358^. From Tripoli the unit was sent on to the airstrip at Derna/Fteja in one of the most difficult periods of the entire Italian campaign in Africa, following the advance of British forces after the lines were broken on 9 December1940 (Operazione Compass). This was a dramatic situation for Giuseppe Baylon's men, arriving in Libya without infrastructure and technicians, who were stuck in Italy awaiting transit to their new combat theatre. A more worrying fact, however, was soon revealed, above all to the pilots, when it was discovered that the FIAT G.50, dispatched to Libya without anti-sand filters, were ingesting the fine desert sand, and which in a short time put the entire fleet out of commission. The unit was forced to send the sorry monoplanes to the SRAM (repair unit) at Tripoli, and to wait for overhauls or repairs to the sand damage caused to their engines. This problem forced the senior officers to seek, albeit tardily, a remedy, which was found in the installation of the appropriate filters. However, just prior to this important event the small unit had already lost, on 9 January 1941, its first FIAT G.50, that of the commander of the 150^ Squadriglia, Capitano Pilota Tullio Del Prato, who when over the front line almost casually encountered a Hurricane Mk.1, which attacked and damaged his aircraft. Del Prato was forced to make a difficult landing in the middle of the desert, with his aircraft being partially destroyed.
Just before the end of January, on the 25th, it was the turn of a new Regia Aeronautica unit to deploy to Libya with a force of shiny new FIAT G.50, recently collected from CMASA at Pisa in Italy. This was the new-formed 155° Gruppo Autonomo C.T., under the command of Maggiore Pilota Luigi Bianchi, and structured around the 351^, 360^ and 378^ Squadriglia. The unit had a fleet of 31 fighters. In the mean-

FIAT G.50 del 20° Gruppo C.T. al riparo di teli mimetici e finta vegetazione presso l'attrezzato aeroporto belga di Maldegem (Foto A.M.)

Fiat G.50 of 20° Gruppo C.T. under the cove of mimetic canvas and artificial vegetation at Maldegem

stavano terminando le modifiche essenziali richieste per il velivolo dallo stesso Stato Maggiore.

L'intenzione di creare il FIAT G.50 "bis" era stata posta allo studio fin dal 1938, ma l'attuazione ebbe inizio soltanto nel febbraio del 1940, per apportare quei miglioramenti che piloti e specialisti avevano più volte invocato in seno ai reparti. Le modifiche interessarono per prima l'abolizione del vano bombe, consentendo di maggiorare di 1/4 la capacità di carico carburante, portandolo da 316 litri a 419, aumentando così, sia pure di poco, l'autonomia del velivolo, fino a quel momento davvero molto scarsa. Era accorciata la deriva e installata una corazzatura in cabina. Inoltre si rendeva utile dotare l'aereo di ruotino retrattile, nelle intenzioni dei progettisti per diminuire la resistenza aerodinamica e aumentare di quel poco la velocità, cosa che non fu possibile rivoluzionare, data l'aggiunta del peso della corazza e del carburante. Infatti, queste modifiche, sia pure ritenute essenziali, ridussero sensibilmente le già scarse caratteristiche di velocità e di salita dell'aereo, giacché il propulsore rimase sempre lo stesso!

Il prototipo del FIAT G.50 "bis" (M.M.5933), volava per la prima volta a Torino Caselle il 13 settembre 1940, mentre le prime consegne dei "nuovi" aeroplani iniziavano nell'aprile del 1941. In concreto fra i primi reparti a beneficiare di tale novità fu il 20° Gruppo Autonomo C.T., reduce dalla deludente presenza in terra belga, olandese e francese, dove...corse il "rischio" di essere dotato di Bf 109E. Ma, invece di operare con quello che rimase un sogno fugace, poi impossibile per

time CMASA at Marina di Pisa, and FIAT themselves, were completing the essential modifications to the aircraft that had been specified by the Stato Maggiore.

The intention to create the FIAT G.50 "bis" had been under study since 1938, but the actuation of the plans would only begin in February 1940, intended to introduce the improvements that the pilots and technicians of the front line units had been frequently requesting. The principal modification was the removal of the bomb bay, permitting the increase in fuel capacity by some 25%, from 316 to 419 litres, and delivering a small increase in the endurance, which up till that moment had been very limited. The fin was shortened, and armour was installed in the cabin. Additionally, it was decided to fit the aircraft with a retractable tailwheel, the designers hoping to reduce aerodynamic drag and increase the speed, an aim that was not achieved, due to the weight of the armour and the increased fuel. In fact, these modifications, albeit considered essential, notably reduced the already limited speed and climb performance of the aircraft, as the engine remained the original version.

The prototype of the FIAT G.50 "bis" (M.M.5933), flew for the first time from Torino Caselle on 13 September 1940, and the first deliveries of the new variant commenced in April 1941. One of the first units to benefit from this novelty was the 20° Gruppo Autonomo C.T., back from its disappointing sojourn in Belgian, Dutch, and French territory, where it had…. "run the risk" of being equipped with the Bf 109F, but which was to become a disappearing dream and later an impossibility for the personnel led by Tenente Colonnello Mario Bonzano. These Gatto Nero pilots, as the unit had been the only one to retain the early emblem of the 51° Stormo C.T., which had been placed "in quadro", found themselves taking the battle to a front where all the other units

Il Ten. Pilota Vittorio Merlo rientra alla base di Maldegem, rullando tra le originali mimetizzazioni del campo, dopo un'azione di perlustrazione lungo le coste fiamminghe (Foto V. Merlo)

Tenente Pilota Vittorio Merlo returns to his Maldegem base, taxiing through the original airfield camouflage, having flown an armed patrol along the Channel coast

tutto il personale del Com/te Mario Bonzano, i piloti del *Gatto Nero*, (poiché tale reparto fu l'unico a mantenere il primitivo emblema del 51° Stormo C.T., questo ancora nella posizione di *reparto quadro*), si trovarono a portare in battaglia, su un fronte dove tutti i reparti avevano avuto serie e gravi difficoltà – la Libia – quello che molti consideravano sempre.... *un ferro da stiro con le ali!*

Rinforzato con una terza unità, la 151^ Squadriglia, ceduta dal 2° Gruppo Autonomo C. T., che andava ad unirsi alle vecchie 352^ e 353^, il 20° Gruppo Autonomo C.T. giungeva sul fronte dell'Africa settentrionale alla data del 27 maggio 1941, schierandosi sul campo di Martuba.

Coinvolti nelle alterne vicende della guerra nel deserto, i FIAT G.50, si batterono al meglio delle loro possibilità, ma lo strapotere del nemico, li costrinse più volte a ripetuti arretramenti verso posizioni all'apparenza più tranquille, anche se di lì a poco, ricominciava l'andamento a ritroso, con perdite e lutti, ottenendo poco o nulla. Molto attiva anche la 376^ Squadriglia Autonoma Assalto, giunta in Libia dotata inizialmente di CR.42 "bombe alari", poi transitata sui *Freccia*.

Il 21 gennaio 1941, il XIII Corps del Generale O'Connor sferrava l'attacco alla piazzaforte di Tobruk, riuscendo in breve tempo ad aver ragione delle difese italiane. Queste furono costrette ad arretrare, mentre i pochi reparti aerei si acquartierarono sul campo di Derna e Ain El Gazala, dopo aver lasciato in mano al nemico tutti i campi attorno all'area della città occupata (T.2/T.2-bis, T.5).

Il 155° Gruppo Aut. C.T. del Com/te Luigi Bianchi, visto giungere in Libia alla data del 25 gennaio 1941, dopo aver lasciato la 360^ Squadriglia sul campo di Sorman, si portò con le altre due unità sui campi di Uadi Tamet e subito dopo su quello del "K.2" di Bengasi. Da tale località il reparto fu costretto a riportarsi a ritroso, giacché Bengasi fu occupata dalle forze britanniche il 6 febbraio 1941. I piloti italiani dei FIAT G.50 cercarono d'inserirsi nelle attività belliche, ma dopo settimane di corse nel deserto, non avevano ancora imbasti-

A sinistra e destra: FIAT G.50 della 352^ Squadriglia (Cap. Pil. Luigi Borgogno) in servizio d'allarme sulla base di Maldegem (Foto P. Patrick -Mombeek/via R. Kuhn)

had suffered from serious grave difficulties – Libya – flying an aircraft that many still considered to be ....an ironing board with wings!

Reinforced by a third unit, the 151^ Squadriglia, ceded by the 2° Gruppo Autonomo C.T., which joined around its traditional 352^ and 353^, the 20° Gruppo Autonomo C.T. arrived in the North African theatre on 27 May 1941, deploying to the airstrip at Martuba.

Involved in the alternating fortunes of the desert war, the FIAT G.50, while fighting as hard as it was able, was forced by the overwhelming strength of the enemy into a series of repeated withdrawals to positions which seemed more tranquil, although after short periods the retreats began again, bringing losses and tragedy, and with successes being few and far between. Also very active in the area was the 376^ Squadriglia Autonoma Assalto, which had arrived in Libya initially equipped with CR.42 with wing bomb attachments, known as " CR.42 bombe alari", and which later converted onto the Freccia.

On 21 January 1941, the XIII Corps of General O'Connor launched an attack on the Tobruk fortress, quickly managing to overcome the Italian defenders, who were forced to withdraw. The few air units found new homes at the Derna and Ain El Gazala airfields, having left all the airfields surrounding the former occupied city in enemy control (T.2/T.2-bis, T.5).

The 155° Gruppo Aut. C.T. of commander Luigi Bianchi, which arrived in Libya on 25 January 1941, having left its 360^ Squadriglia on the airstrip at Sorman, moved with its other two Squadriglie to the airfields at Uadi Tamet, and soon after to the strip called "K.2", near Benghasi. The unit was soon forced to retire from this location, as Benghasi was occupied by British forces on 6 February 1941. The poor Italian pilots, operating what came to be known as 'flying coffins', alias the FIAT G.50, tried to make an impact on the progress of hostilities, but weeks of continual relocation in the desert ensured that they performed no mission worthy of note! Disorder and chaos was the order of the day, an authentic "Italian Dunkirk".

To right and left: a FIAT G.50 of the 352^ Squadriglia (Capitano Pilota Luigi Borgogno) on alert at Maldegem

Specialisti della 351^ Squadriglia (20° Gruppo C.T.) impegnati nel rifornimento di un FIAT G.50 della loro unità. Si utilizzano i tradizionali fusti da 200 litri di carburante...regolamentare "Pompa Emanuel" ed imbuto fornito della indispensabile pelle di daino per il filtraggio della benzina avio (Foto A. Vigna)

351^ Squadriglia groundcrews refuel one of their unit's aircraft, using the original 200 litre fuel drums and the "Pompa Emanuel", which fed the fuel through a hose to the indispensable chamois aviation fuel filter

to un'azione degna di nota! Disordine e caos dappertutto, un'autentica "Dunkerque" all'italiana!

Con l'occupazione di Agedabia, tutto il territorio tripolitano passò sotto il dominio delle forze britanniche, che proprio sul filo di confine cessarono improvvisamente la loro spinta offensiva. Il Generale Wavell riteneva di essersi spinto fin troppo in avanti, allungando smisuratamente la distanza dai suoi capisaldi e dai centri di rifornimento...Ma sappiamo oggi, viste le deboli resistenze italiane, alle quali si erano unite le prime forze germaniche, che se l'abile stratega inglese avesse osato di più, egli sarebbe giunto"tranquillamente" a Tripoli e forse avrebbe posto una fine anticipata alla guerra del deserto!

Il 155° Gruppo Aut. C.T. del Com/te Luigi Bianchi, dopo aver corso da un campo all'altro, finalmente nei primi giorni d'Aprile del 1941 cominciò a ricomporsi sul campo "K.2" di Bengasi, riconquistata dopo le prime controffensive italiane, appoggiate dai contingenti dell'Africakorps del Generale Ervin Rommel!

Il battesimo del fuoco per un pilota del reparto del Com.te Luigi Bianchi si registrava alla data del 9 aprile 1941, quando il Ten. Pil. Carlo Cugnasca della 351^ Squadriglia, decollato su allarme dal campo di Derna, riuscì ad intercettare in quota tre Hurricane Mk.1 del Fighter Squadron 73 di cui ritenne di averne abbattuto uno. Impressione identica da parte inglese, che dovremmo però smentire. Lo scontro finì con il danneggiamento del FIAT G.50 italiano uscito fuori pista durante il rientro al campo di partenza. Un incidente da qualcuno definito...conseguenza della grande emozione di Cugnasca per aver creduto nella prima vittoria del reparto, che oggi, purtroppo possiamo tranquillamente smentire!

Il giorno dopo i FIAT G.50 del 155° Gruppo Aut. C.T., che da poco si erano concentrati tutti sul campo N.1 di Derna, iniziavano la loro

With the occupation of Agedabia, all the Tripolitana territory fell under the dominion of British forces. At the border these unexpectedly halted their offensive thrust, as General Wavell considered it to have pushed too far forward, lengthening the separation between the front line and the supply centres ...but today we know, given the weakness of the Italian resistance, only recently reinforced by the first arrivals of German troops, that the clever British strategy could have been continued, possibly with no difficulties as far as Tripoli. This could have brought an early end to the desert campaign.

The 155° Gruppo Aut. C.T., under Luigi Bianchi, having moved from one airstrip to another, finally, in the early days of April 1941, began to re-group on Benghasi 'K.2' airfield, recaptured after the first Italian counteroffensives, which were supported by contingents of General Ervin Rommel's Africakorps!

The combat debut for a pilot of the 155° occurred on 9 April 1941, when Tenente Pilota Carlo Cugnasca of the 351^ Squadriglia scrambled from Derna airstrip, and managed to intercept at high altitude three Hurricane Mk.1 of 73 (Fighter) Squadron, claiming to have shot one of them down. The British records give an identical if reversed impression, which can be undermined, and the actual result of the engagement was damage to Cugnasca's FIAT G.50, which ran off the runway on returning to its home airfield. This incident has been described as on that produced great emotion for Cugnasca, as he believed that he had achieved the first victory for his unit, but today that claim can be easily discounted.

On the following day the FIAT G.50 of the 155° Gruppo Aut. C.T., which had recently been concentrated on airfield N.1 at Derna, commenced their demanding and dangerous escort activities for the German and Italian Junkers Ju 87, engaged from that time in weake-

Due piloti della 352^ Squadriglia (primo a sinistra il Ten. Giosue Calamai) pronti a salire a bordo dei loro FIAT G.50 per una crociera d'interdizione lungo le coste fiamminghe. L'aereo, caratterizzato dal suo cappottone colorato di giallo cromo, è stato già messo in moto dallo specialista del reparto (Foto G. Calamai)

Two pilots of the 352^ Squadriglia (first on the left Tenente Giosie Calamai) ready to board their FIAT G.50 for an armed patrol along the Channel. The aircraft, characterised by a chrome yellow cowling, has been started by his groundcrew

snervante e pericolosa attività di scorta agli Junkers Ju 87 italiani e tedeschi, impegnati da quel momento a scardinare dall'alto la resistenza della piazzaforte di Tobruk, rimasta in mano agli inglesi. Col concorso di velivoli tedeschi iniziava per il reparto del Com/te Luigi Bianchi una fase difficile, a causa del diverso metodo di dover scortare i "Picchiatelli" durante i loro tuffi dall'alto. La tattica, studiata a tavolino, prevedeva protezione ai fianchi lungo la rotta di avvicinamento, poi un leggero tuffo anche per i nostri caccia, per eseguire una specie di "S" allungata, al fine di attendere gli incursori durante la lenta risalita al cielo, nel momento più critico, durante il quale si trovavano spesso di fronte ai caccia nemici, facili prede dei loro attacchi! Tuttavia quella prima azione si svolse regolarmente, con il rientro di tutti gli aerei alla base, nonostante la rabbiosa reazione a/a britannica.

Poco prima di mezzogiorno dell'11 aprile 1941 undici G.50 del 155° Gruppo Aut. C.T., in compagnia di due soli Bf 110c del III/ZG 26 (reparto distruttori), si posero di scorta accanto ad una formazione mista di Junkers Ju 87 italiani e tedeschi, i primi appartenenti al 96° Gruppo Aut. Bombardamento a Tuffo (236^/237^ Squadriglia), i secondi del III/St.G1, in azione sul porto di Tobruk. Nel cielo dell'obiettivo i piloti del Com/te Luigi Bianchi affermarono di aver sostenuto uno scontro con quattro Hurricane Mk.1 del Fighter Squadron 73. Uno di questi sarebbe stato abbattuto dal Capitano Bruno Tattanelli, in collaborazione col Ten. Manlio Biccolini, mentre un secondo dal Ten. Dino Lombardi e dal M.llo Lorenzo Serafino, quest'ultimo rientrato alla base con l'ala destra del suo G.50 colpita da alcuni colpi di mitragliatrice nemica. Non si hanno elementi concreti per affermare queste vittorie italiane, poiché non si trova alcun riscontro sulla documentazione della RAF! L'unica cosa certa fu la perdita di un Junkers Ju 87 della 237^ Squadriglia (versione – R2), abbattuto da uno degli Hurricane Mk.1, che colpì ripetutamente il nostro tuffatore, uccidendo alle prime raffiche il mitragliere nel suo abitacolo, il 1° Aviere Mot.Colombo, mentre il pilota, M.llo Bassi, riuscì a lanciarsi e finire in mano agli inglesi.

Stessa missione per altri nove G.50 nel pomeriggio, a protezione diretta di un pattuglione di Ju 87 italo-tedeschi in azione sul porto di Tobruk. La protezione indiretta era assicurata dalla solita coppia di Bf 110c del III/ZG 26. Nessun avvistamento di aerei avversari.

Nel tardo mattino del 12 aprile 1941 altri nove FIAT G.50 del 155° Gruppo Aut. C.T. si affiancarono di scorta diretta a quindici Ju 87 del II/St. G1 germanico, mentre quattro G.50 dello stesso reparto italiano, con l'onnipresente coppia dei Bf 110c del III/ZG 2, assunsero quella indiretta. Obiettivo alcune navi avvistate al largo di Tobruk. La violenta reazione del tiro navale abbatteva tre "Stuka" tedeschi, con due dei tre equipaggi riusciti a lanciarsi e fatti prigionieri.

Sarebbe superfluo e senza dubbio noioso, dilungarci sulle numerose

ning the resistance of the Tobruk fortress, still in British hands. This cooperation with the German aircraft was the beginning of a difficult phase for the unit led by Com/te Luigi Bianchi, as the requirements to escort the "Picchiatelli" during their attack dive, developed through tactical evaluations across a table top, were very different and demanding. They called for protection of the attack formation's flanks during transit to the target, then a light dive for the escort fighters in the shape of an extended 'S' which covered their slow recovery back to altitude. This was the point at which the Ju 87 were often met by enemy fighters, the most vulnerable to enemy attack, where they were an easy prey.

Nevertheless, the first mission ran like clockwork, and all the aircraft returned to base, despite the furious anti-aircraft fire from the British positions.

Juts prior to mid-day on 11 April 1941 eleven G.50 of the 155° Gruppo Aut. C.T., in company with two Bf 110c of III/ZG 26 (an attack unit), assumed an escort position alongside a mixed formation of Italian and German Junkers Ju 87, the former belonging to the 96° Gruppo Aut. Bombardamento a Tuffo (236^/237^ Squadriglia), the second from III/St.G1, tasked with raiding the port of Tobruk. In the sky over the objective Luigi Bianchi's pilots reported joining combat with four Hurricane Mk.1 of 73 (Fighter) Squadron. One of these was reported as shot down by Capitano Bruno Tattanelli in collaboration with Tenente Manlio Biccolini, while a second was claimed by Tenente Dino Lombardi and Maresciallo Lorenzo Serafino, the latter returning to base with his right wing riddled with enemy machine gun bullets. There is no concrete evidence to back up these Italian claims, as there are no reports of a similar engagement in R.A.F. documentation! The only certain fact was the loss of one of the Junkers Ju 87 of the 237^ Squadriglia (an R-2 version), destroyed by one of the Hurricane Mk.1, which repeatedly hit the dive bomber, with the first burst killing the gunner, 1° Aviere Mot. Colombo, in his cockpit, while the pilot, Maresciallo Bassi, managed to bail out at low level, and was taken prisoner of war.

The mission was repeated by another nine G.50 in the afternoon, again protecting a mixed Italian/German Ju 87 raid on Tobruk. The usual pair of Bf 110c from III/ZG 26 were also providing indirect cover, but no enemy aircraft were spotted.

In the late morning of 12 April 1941 another nine FIAT G.50 of the 155° Gruppo Aut. C.T. provided direct escort for fifteen Ju 87 of II/St.G1, while four G.50 of the same Italian unit, together with the ever present pair of Bf 110c from III/ZG 2, assumed and indirect covering posture. The target was shipping off Tobruk, the violent anti-aircraft reaction from which downed three German "Stuka", two of the three crews managing to bail out, becoming prisoners of war.

It would be superfluous and undoubtedly tedious to recite the litany of

Coppia di piloti della 353^ Squadriglia in servizio d'allarme a Maldegem. Per la foto in alto trattasi dei Capitani Riccardo Roveda (a sx) e Furio Niclot Doglio (a dx). Per quella in basso del Capitano Furio Niclot Fulvio e del Ten. G. Franco Baschiera. I nostri piloti sono equipaggiati con salvagente personale fornito dai tedeschi (Foto G. Calamai)

A pair of pilots from the 353^ Squadriglia on alert at Maldegem. On the right hand side of the photo are Capitano Riccardo Roveda [left] and Capitano Furio Niclot Doglio[right]. On the left hand side are Capitano Furio Niclot Doglio and Tenente G.Franco Baschiera. The pilots are wearing personnel lifejackets supplied by the Luftwaffe

the numerous escort missions flown by the 155° Gruppo Aut. C.T. on behalf of the Italian and German Junkers Ju 87 fleets, although when the missions were met by anti-aircraft fire or hostile fighters, events which usually ended in tragedy, they will be covered.

April 14 1941 was another bitter day for the 155° Gruppo Aut. C.T., as two young pilots failed to return to base. On the Monday morning of Ascension Day, following an Easter characterised by the usual daily discomfort and troubles, the 155° Gruppo Aut. C.T. was assigned a new escort mission on behalf of four formations of Junkers Ju 87 of II/St.G.2 and III/St.G3, accompanied by seven "Picchiatelli" of the 96° Gruppo Aut. B. a T. (four aircraft from the 237^ Squadriglia and three from the 236^). The target was once again in the deadly Tobruk area. Eight 155° Gruppo Aut. C.T. G.50 were assigned to the escort role, together with four CR.42 biplanes, the remnants of the 18° Gruppo Aut. C.T. which were usually tasked with airfield defence. The Luftwaffe escort was provided by five Bf 110c from the usual III/ZG 26. The Axis dive-bombers had that morning been assigned a particular target, located naturally in the heavily defended Tobruk area, which was located in a box some five kilometres by three, and which had been personally selected by Gen. Ervin Rommel. He had ordered the armoured forces of Oberst Pronath to attack the defensive ring of the British fortress in the sector, a mission which would cost the senior

Aeroporto di Maldegem: linea di volo di FIAT G.50 della 353^ Squadriglia. In primo piano il famoso Fieseler Fi.156 "Storch" (Cicogna), donazione personale dal Feldmarshall Hermann Goering al nostro Gen. S.A. Rino Corso Fougier, Comandante il C.A.I. in Belgio (Foto G. Calamai)

The flight line of the 353^ Squadriglia at Maldegem airfield. In the foreground is the famous Fieseler Fi.156 "Storch", a personal gift from Feldmarshall Hermann Goering to Generale di Squadra Aerea Rino Corso Fougier, the commander of the C.A.I. in Belgium

missioni di scorta che il 155° Gruppo Aut. C.T. disimpegnò nei confronti degli Junkers Ju 87 italo-tedeschi, se non quando questi saranno contrastati dalla caccia o dalla c/a avversarie, procurandoci conseguenze luttuose.

Giornata amara per il 155° Gruppo Aut. C.T. quella del 14 aprile 1941, con il mancato rientro alla base di due giovani piloti, ma procediamo con ordine. Nella mattinata del lunedì in Albis (dopo una Pasqua trascorsa tra i disagi e le difficoltà quotidiane), il 155° Gruppo Aut. C.T. era interessato ad una nuova missione di scorta a quattro formazioni di Junkers Ju 87 del II/St. G. 2 e del III/St. G3, in compagnia di sette "Picchiatelli" del 96° Gruppo Aut. B. a T. (quattro velivoli della 237^ Squadriglia e tre della 236^). Obiettivo ancora una volta la micidiale area di Tobruk. La scorta del 155° Gruppo Aut. C.T. prevedeva la presenza di otto G.50, affiancati da quattro biplani FIAT CR 42 appartenenti al 18° Gruppo Aut. C.T., aggregati al 155°, due dei quali utilizzati normalmente per la protezione del cielo-campo. La scorta germanica era assicurata da cinque Bf 110c del solito III/ZG 26. L'azione dei tuffatori italo-tedeschi quel mattino prevedeva un preciso obiettivo, situato naturalmente nell'accennata area di Tobruk, in un "riquadro" di terreno di cinque chilometri per tre, zona prescelta personalmente dal Gen. Ervin Rommel. Questi aveva affidato ai mezzi corazzati dell'Oberst (Colonnello) Pronath, l'incarico di attaccare la cintura difensiva della roccaforte britannica, dove peraltro l'alto ufficiale germanico avrebbe perso la vita! Poco prima di decollare dalla propria base il reparto dei G.50 riceveva lo "sgradito buon mattino" da parte di una piccola formazione di Bristol Blenheim, che a volo radente attaccava l'intera estensione del campo italiano, senza procurare danni eccessivi. Dopo questo attacco, che costava la perdita di tre bimotori della RAF, abbattuti dalla reazione c/a, la formazione del 155° Gruppo Aut. C.T. decollava alla guida del Capitano Angelo Fanello, Com/te della 351^ Squadriglia, con accanto il Cap. Bruno Tattanelli, i Tenenti Manlio Biccolini, Carlo Cugnasca, i M.lli Angelo Marinelli e Lorenzo Serafini, i Serg. Maggiori Artidoro Galletti e Aldo Buvoli. Sul cielo-campo di Derna si affiancavano a quarantadue "Stuka" del Flieger Führer Africa, appartenenti ai reparti suddetti. Ciascuno degli aerei germanici, seguiti da presso dai nostri sette "Picchiatelli", era armato con una bomba da 1000 chilogrammi posizionata al travetto sub-ventrale.

Il contrasto della RAF si manifestava ancor prima che il pattuglione italo-tedesco giungesse sull'area degli obiettivi, con la presenza di alcuni *Flight* di Hurricane Mk.1 del solito Fighter Squadron 73. Di norma questo era basato presso l'aeroporto egiziano di Sidi Aneish, ma quella mattina decollava dal campo trampolino di El Gubbi, nelle vicinanze di Tobruk. Comunque da un pezzo erano in stato di allarme, su sollecitazione dall'ottimo e da noi ignorato - allora - servizio *Ultra Secret* (l'Enigna famoso), capace di intercettare tutte le comunicazio-

Il Tenente Alfredo Fusco, pilota della 361^ Squadriglia (24° Gruppo Aut. C.T.), futura "Medaglia d'Oro al V.M., "alla memoria", ripreso sul suo FIAT G.50 sul campo di Tirana appena giunto dall'Italia (Foto Arch. dell'Autore)

Tenente Alfredo Fusco, a pilot of the 361^ Squadriglia (24° Gruppo Aut. C.T.), and future posthumous M.O.V.M., is seen next to his FIAT G.50, having just arrived from Italy

German officer his life! Just prior to departure from their base, the G.50 unit received an unwelcome early morning call from a small formation of Bristol Blenheim, which performed a low level attack on the Italian airfield, without causing excessive damage. After this attack, which saw the loss of three of the R.A.F .twins, shot down by anti-aircraft artillery, the 155° Gruppo Aut. C.T. formation departed, led by Capitano Angelo Fanello, commander of the 351^ Squadriglia, together with Capitano Bruno Tattanelli, Tenenti Manlio Biccolini, Carlo Cugnasca, Marescialli Angelo Marinelli, Lorenzo Serafini, and Sergente Maggiori Aldo Buvoli, Artidoro Galetti. Over the Derna airstrip they were joined by forty two "Stuka" of Flieger Fuhrer Africa, belonging to the aforementioned units. Each of the German aircraft was armed with a 1000 kilogram bomb hanging from the ventral points, and they were soon joined by another seven of the Regia Aeronautica "Picchiatelli".

R.A.F. opposition was in evidence even before the joint Italian/German attack had reached the target area, in the form of some Flights of Hurricane Mk.1 from the usual (73) Fighter Squadron, normally based

ni via radio fra tedeschi e italiani e dopo che i centri Radar avevano localizzato gli aerei in avvicinamento! Il contatto balistico fra aerei dell'Asse e quelli della RAF avvenne a poche miglia da Tobruk. Per parte italiana il primo a porsi a difesa degli Junkers Ju 87 fu il Capitano Pil. Bruno Tattanelli, seguito da uno dei suoi gregari. Insieme intercettavano uno degli Hurricane Mk.1 che si era scagliato sulla testa della formazione italo-tedesca, pilotato dal Sgt. Herbert G. Webster, realmente abbattuto. Tale abbattimento gli inglesi lo attribuirono ad uno dei Bf 110c del III/ZG 26 e non ai monoplani italiani! Altre vittorie erano attribuite al Cap. Angelo Fanello, al Ten. Carlo Cugnasca e al suo gregario, M.llo Angelo Marinelli. Questi ultimi due ben presto furono accerchiati e abbattuti da un nugolo di Hurricane! Nello stesso scontro i caccia britannici abbattevano due "Stuka" tedeschi, uno del II/St. G2 ed uno del III/St. G1.

Nel pomeriggio dello stesso giorno altri FIAT G.50 del 155° Gruppo Aut. C.T., insieme a due FIAT CR 42 del 18° Gruppo Aut. C.T., ripetevano l'azione sull'area di Tobruk, dove gli Hurricane Mk.1 dell'inesauribile Fighter Squadron 73 si contrapposero alla missione dell'Asse. Nel breve ma vivacissimo combattimento il S. Ten. Pil. Franco Bisleri, pilota della 95^ Squadriglia del 18° Gruppo C.T., abbatteva l'Hurricane Mk.1 pilotato dal Plt. Off. Lamb, ma durante questa nuova battaglia gli Hurricane Mk.1 del 73 Squadron si accreditavano altri tre Stuka germanici, da parte del Plt. Off. Officer W.S. Arthur e dal Lieutenant Tennant. Questi piloti appartenenti al 3 RAAF Squadron, provenienti da basi egiziane, riferirono come gli equipaggi fossero stati catturati, con uno dei mitraglieri feriti. A loro volta gli aerei di Arthur e Tennant erano attaccati da tre Bf 110c del III/ZG 26, due dei quali ritenuti abbattuti. In realtà si trattò di un solo Bf 110c perduto dai tedeschi, insieme al danneggiamento di due Ju 87. Dopo poche settimane, in un ambiente come quello africano, dove la calura e la sabbia la facevano da padroni, ben presto anche i FIAT G.50 del 155° Gruppo Aut. C.T., molti dei quali avevano dato spesso dei segni inquietanti, furono costretti ad arretrare per una necessaria revisione ai motori. Erano stati fatti affluire comunque a scaglioni a Bengasi, dove la SRAM, già oberata di fatiche e problemi, ebbe l'incarico di rivitalizzarli.

Ad avvicendare il provato reparto del Com/te Luigi Bianchi sul campo di Derna giunsero i FIAT G.50 del 2° Gruppo Aut. C.T., per primi quelli della 150^ Squadriglia, seguiti da lì a pochi giorni dai velivoli della 152^ ed infine dai rimanenti della 358^. Non che il "cambio" potesse dare una misura diversa su quel difficile fronte, visto che gli aerei erano gli stessi, come uguali, per preparazione e capacità, erano i "nuovi" piloti del 2° Gruppo Aut. C.T. del Com/te Giuseppe Baylon! La Regia Aeronautica, purtroppo, non poteva e non sapeva offrire di meglio e di più, contro avversari agguerriti e in possesso di aerei da caccia nettamente superiori.

at the Egyptian airfield of Sidi Aneish, but on that morning operating from the forward airstrip at El Gubbi, close to Tobruk. The unit had been placed on alert for some time, based on the intelligence acquired from the excellent, and to the Italians, unsuspected, Ultra information acquisition system (including the famous Enigma machines), which was capable of intercepting and decoding Italian and German signals communications. Moreover, the Allied radar stations had detected the arrival of the attackers! Ballistic contact between the Axis aircraft and those of the R.A.F. began some miles from Tobruk. On the Italian side, the first to spring to the defence of the Junkers Ju 87 was Capitano Pilota Bruno Tattanelli, followed by one of his wingmen, who intercepted one of the Hurricane Mk.1 aiming for the leaders of the bomber formation. This was flown by Sgt. Herbert G.Webster, who was shot down. The British attributed this combat loss to one of the Bf 110c from III/ZG 26, and not to the Italian monoplane! Further victories were attributed to Capitano Angelo Fanello, Tenente Carlo Cugnasca, and his wingman, Maresciallo Angelo Marinelli, the latter two being quickly surrounded and shot down by a group of Hurricane! In the same engagement the British fighters destroyed two German "Stuka", one from II/St. G2, the other from III/St.G1.

In the afternoon of the same day other FIAT G.50 of the 155° Gruppo Aut. C.T., together with two FIAT CR 42 of the 18° Gruppo Aut. C.T., repeated the mission in the Tobruk area, where the Hurricane Mk.1 of the untiring 73 (Fighter) Squadron again opposed the Axis mission. In the short but brutal clash Sottotenente Pilota Franco Bisleri, a pilot of the 95^ Squadriglia - 18° Gruppo C.T., shot down the Hurricane Mk.1 flown by Plt. Off. Lamb, but during the engagement the Hurricanes of 73 Squadron were accredited with another three German Stuka, destroyed by Plt. Off. Officer W.S. Arthur and Lieutenant Tennant, pilots from 3 (RAAF) Squadron, borrowed from Egyptian bases, who saw their victims aircrew captured, one of the gunners being injured. In turn, the aircraft of Arthur and Tennant were attacked by three Bf 110c of III/ZG 26, and the reported destroying one aircraft each. In reality, only one Bf 110c was lost by the Luftwaffe, while two Ju 87 were damaged.

After a few weeks in the African desert environment, where the heat and sand were the masters, the FIAT G.50 of the 155° Gruppo Aut. C.T., many of which were beginning to show disturbing signs of lack of maintenance and overwork, were forced to withdraw. Their aircraft, described more as flying coffins than thoroughbred fighters, were progressively moved to Benghasi, where the local SRAM (field maintenance unit), already overcome with fatigue and technical difficulties, was assigned the role of re-vitalising them.

Replacing the battle weary unit of commander Luigi Bianchi at the Derna airfield were the FIAT G.50 of the 2° Gruppo Aut. C.T., initially those of the 150^ Squadriglia, but followed a few days later by the

Coppia di FIAT G.50 della 355^ Squadriglia (24° Gruppo Aut. C.T.) in volo di vigilanza sui valloni del fronte greco-albanese (Foto C. Lucchini)

A pair of FIAT G.50 of the 355^ Squadriglia (24° Gruppo Autonomo C.T.) engaged in a patrol flight along the valleys of the Greek/Albanian border

L'attività del 2° Gruppo Aut. C.T. ricalcava in pieno quella che era stata la missione del 155° Gruppo Aut. C.T.: scorte ai "Picchiatelli" e ancor più agli "Stuka" germanici, in frenetica azione sulla rovente area di Tobruk. Mentre le avanguardie italo-tedesche stavano spazzando dalla Cirenaica le forze britanniche, Tobruk, isola di fuoco annegata nel suo fortilizio blindato, cercava invece di resistere, più per volontà, in nome di un simbolo, che per posizione strategica vera e propria. Comunque località che ancora oggi tornano alla mente dei pochi veterani di guerra, ancora viventi e che non posson far dimenticare i loro sacrifici ed il loro disperato coraggio: Forte Perrone, Forte Pilastrino, Forte Airente... insieme ai volti di chi si infranse su quei trinceroni scavati tutt'attorno alla cinta assediata.

Sacrifici e amarezze anche per il 2° Gruppo Autonomo C.T., un calvario durato fino al 22 luglio 1941, giorno in cui – finalmente – il reparto del Ten. Col. Pil. Giuseppe Baylon rientrava in Italia, per essere riequipaggiato con un velivolo che si dimostrerà più inquietante e peggiore del "Freccia": il Reggiane RE 2001, portato a combattere nei cieli di Malta, dove gli inglesi gli inflissero pesanti sconfitte.

152^ Squadriglia aircraft, and finally the remnants of the 358^. This change was not destined to make a major difference in the air war over the difficult front, as the aircraft were the same, and the "new pilots" were the veterans of the 2° Gruppo Aut. C.T. led by Tenente Colonnello Giuseppe Baylon. The Regia Aeronautica, unfortunately, could not, and was not aware of how to offer more or better equipment in the fight against a determined enemy in possession of fighter aircraft which were, unlike the Italian machines, worthy of the title.

The 2° Gruppo Aut. C.T. took over what had been the principal activity of the 155° Gruppo Aut. C.T.: escort for the "Picchiatelli" and more so for the German "Stuka", engaged in frenetic activity in the Tobruk. While the Italian and German avant guard was sweeping the British forces from Cirenaica, Tobruk, and island of fire within its fortified boundary, looked to resist, more through willpower than logic, to stand as a symbol, being a clearly strategically vital location. The defences were known to the Italians as forts, and in the minds of the remaining veterans, their mention brings to mind the memories of their sacrifices, their desperate courage: Fort Perrone, Fort Pilastrino, Forte Airente…

FIAT G.50 "bis" della 395^Squadrigliosa (154° Gruppo Aut. C.T.) ripreso a Rodi-Gadurra con una tenuta mimetica definita "policiclica", nei colori verde, marrone e giallo mimetico (Foto A.Vigna)

A FIAT G.50 "bis" of the 395^ Sqauadriglia (154° Gruppo Aut. C.T. seen at Rhodes-Gadurra, and painted in a black, brown and camouflage yellow colourscheme

and the faces of their missing colleagues caught up in the struggle for the trenches around the besieged outpost.

The 2° Gruppo Autonomo C.T. suffered its share of sacrifice and bitterness, an episode that the unit endured until 22 July 1941, the day on which finally the unit of Tenente Colonnello Pilota Giuseppe Baylon returned to Italy to be re-equipped with an aircraft that would become more worrying and worse that the "Freccia": the Reggiane RE 2001, with which the Italians would carry the fight to the skies above Malta, where the British awaited them in keen anticipation!

IL 20° GRUPPO AUT. C.T. SUL FRONTE AFRICANO

Il reparto del Com/te Mario Bonzano, reduce dal fronte del Belgio dove aveva tentato di inserirsi, senza alcun successo, nell'ambiente della *Battle of Britain*, fra il 16 e il 17 aprile 1941 aveva raggiunto la sua base di Roma Ciampino Sud, con due sole unità, la 352^ e la 353^ Squadriglia, dopo che la 351^, come abbiamo già visto rientrata anzitempo, era andata a rafforzare il neo costituito 155° Gruppo Aut. C.T. A Ciampino Sud il 20° Gruppo Aut. C.T. fu riorganizzato con l'organigramma standard previsto per un reparto da caccia, ricevendo una terza unità, la 151^ Squadriglia dal 2° Gruppo Aut. C.T., affidata al comando di un Ufficiale romano, il Cap. Pil. Mario Montefusco. Nello stesso tempo al reparto erano assegnati venticinque nuovi FIAT G.50, versione "bis". Così riorganizzato il reparto del Com/te Mario Bonzano riceveva l'ordine immediato di portarsi sul fronte dell'Africa settentrionale. Era il 2 maggio 1941 e la prima unità a decollare per il Sud fu la 352^ Squadriglia del Cap. Pil. Luigi Borgogno, con dodici fiammanti "Freccia", che attraverso le tappe di rito, raggiunse Tripoli Castel Benito il giorno 5 maggio, in attesa che potessero giungere le altre due Squadriglie del reparto. Ma da Castel Benito la 352^ Squadriglia fu fatta proseguire per l'aeroporto di Misurata, dove piloti e specialisti non trovarono nulla che potesse

FIAT G.50 della 355^ Squadriglia (24° Gruppo Aut. C.T.) sull'affollato campo di Tirana (Foto Arch. dell'Autore)

A FIAT G.50 of the 355^ Squadriglia (24° Gruppo Autonomo C.T.) on the crowded airfield at Tirana

offrire una parvente organizzazione logistica. Costretti tutti ad arrangiarsi, riposarono all'addiaccio o i più fortunati sotto le ali degli aeroplani o all'interno dello spazio ristretto della "Caprona", il Ca 133, che trasportava pochi uomini e poca attrezzatura di reparto di primo impiego! Da Misurata la 352^ Squadriglia ebbe l'ordine di raggiungere il campo di volo codificato "N.3", la base cirenaica di Gambut, una distesa di sabbia dai contorni irregolari, posta a poche miglia più

The 20° Gruppo Aut. C.T. in the African theatre

On its return from Belgium, where the unit led by Mario Bonzano had tried to make an impact, without any success, in the outcome of the Battle of Britain, the 20°, between 16 and 17 April 1941, re-established itself at its Roma Ciampino Sud base, controlling only two units, the 352^ and 353^ Squadriglia. As will be recalled, the 351^ had returned early, being used to reinforce the newly formed 155° Gruppo Aut. C.T. At Ciampino Sud the 20° Gruppo Aut. C.T. was reorganised into the

FIAT G.50 del 24° Gruppo Autonomo C.T. a Tirana (Foto Arch. dell'Autore)

FIAT G.50 of the 24° Gruppo Aut. C.T. at Tirana

standard structure of a fighter unit, receiving a third unit, the 151^ Squadriglia of the 2° Gruppo Aut. C.T., which was placed under the command of a Roman officer, Capitano Pilota Mario Montefusco. At the same time, the unit was issued twenty five new FIAT G.50, versione "bis". Restructuring complete, the new unit commanded by Com/te Mario Bonzano received the order to re-deploy to the North African front. It was 2 May 1941, and the first unit to depart ot the south was the 352^ Squadriglia of Capitano Pilota Luigi Borgogno, taking twelve shiny new "Freccia". The Squadriglia took the traditional route, arriving at Castel Benito (Tripoli) on 5 May, where it waited for the arrival of the other two Squadriglie of the Gruppo. However, the 352^ Squadriglia was ordered to leave Castel Benito and to continue to Misurata airfield, where the pilots and ground crews found...nothing of any use, typical of the Italian style of making war, built on a lack of logistics overcome by the traditional Italian art of arranging matters as best they can. They lived in the open, those more fortunate finding a spot under the wings of their aircraft, or even in the restricted fuselage space of the "Caprona", the Ca 133 which was used to transport the few support personnel and equipment assigned to the front line fighter unit. From Misurata the 352^ Squadriglia was again sent forward, this time

a Sud di Derna. Sull'ampia distesa di questo pomposo campo di volo operavano anche alcuni reparti di Junkers Ju 87 germanici e gli S.79 dell'8° Stormo B.T.

Il 29 maggio 1941 la 352^ Squadriglia eseguiva la sua prima missione di guerra: scorta ravvicinata ad una formazione di S.79 dell'8° Stormo B.T. in azione sull'aerea di Tobruk, azione che non fu affatto contrastata dalla presenza della caccia nemica. Frattanto nei primi giorni di giugno giungevano a Martuba la 151^ e la 353^ Squadriglia C.T., così il 20° Gruppo Aut. C.T. tornava ad essere di nuovo riunito al completo.

Per ampliare il proprio raggio d'azione, il Comando della 13^ Divisione "Pegaso", dal quale dipendeva il nostro reparto, ordinava al Comando del 20° Gruppo di far bonificare un campo satellite utilizzato dagli inglesi, che durante la loro fuga avevano completamente minato. Il compito ingrato, durato circa un mese, fu affidato ad un modesto quanto coraggioso 1° Aviere Armiere, tale Francesco Russo, al quale era stata promessa una Medaglia d'Argento al V.M., che lo sventurato non ricevette mai.

Al 4 luglio 1941 cinque FIAT G.50 "bis" della 151^ Squadriglia decollavano da Martuba e dopo essersi serviti del campo trampolino di Gambut, ove rabboccarono i serbatoi del carburante, fecero rotta per Sidi El Barrani, allo scopo di attaccare uno di quei numerosi "LG" (Land Ground = Campi di fortuna) della RAF, disseminati nel deserto. Guidava la formazione il comandante l'unità, Cap. Pil. Mario Montefusco. L'attacco agli obiettivi nemici avvenne alle ore 08.00 in punto, primo a scagliarsi al suolo il comandante l'unità, seguito dai suoi gregari. Gran frastuono di spari e scie fumose, poi i primi incendi al suolo. Nel ripetere una seconda picchiata l'aereo del Cap. Mario Montefusco era centrato dalla reazione a/a. Con fatica, calma e coraggio, Montefusco si riportava a stento in quota, affiancato dal suo più

Revisione all'aperto sul campo di Berat per un FIAT G.50 del 154° Gruppo Autonomo C.T. (Foto Arch. dell'Autore)

Field maintenance at Berat airfield for a FIAT G.50 of the 154° Gruppo Autonomo C.T.

L'eroico Tenente Pilota Livio Bassi della 395^ Squadriglia (154° Gruppo Aut. C.T.) ripreso sul suo FIAT G.50 caratterizzato dall'originale emblema, che raffigura una gallina dai colori inglesi, trafitta da una freccia rossa. Bassi, colpito e ferito durante un serrato combattimento con Hurricane Mk.1 del Fighter Squadron 112, nel pomeriggio del 20 febbraio 1941, riusciva a compiere un forzato atterraggio sul campo di partenza di Berat, dove il suo aereo prese fuoco. Ustionato in maniera grave, l'Ufficiale morirà a Roma il 2 aprile, dopo alcune settimane di penosa agonia presso l'Ospedale Militare del Celio. Sarà insignito della Medaglia d'Oro al V.M., "alla memoria" (Foto A.M.)

Tenente Livio Bassi, a pilot of the 395^ Squadriglia, 154°Gruppo Autonomo C.T., with his FIAT G.50, clearly showing the unit marking, a chicken in British colours, transfixed by an red arrow. Bassi was wounded in the engagement with Hurricanes on 20 February 1941, and crashed while attempting to force land: he died on 2 April 1941, receiving a posthumous award of the Medaglia d'Oro

to the airstrip designated "N.3", at Gambut in Cirenaica, a stretch of sand with irregular borders a few miles south of Derna. On the ample parking areas of this somewhat pompously designated "airfield", additional residents were some German units operating Junkers Ju 87 and the S.79 of the 8° Stormo B.T.
On 29 May 1941 the 352^ Squadriglia performed its first combat mission: close escort to a formation of 8° Stormo S.79 in action over the Tobruk area, a mission which did not attract the attention of the Allied fighter forces. Meanwhile, in the early days of June, the 151^ and 353^ Squadriglia C.T. arrived at Martuba, and once again the 20° Gruppo Aut. C.T. became reunited in its original form.
To extend its own radius of action, the Headquarters of the 13^ Divisione "Pegaso", from which the 20° Gruppo depended, ordered the Comando di Gruppo to reinstate and secure a former British satellite airfield, which during their retreat had been completely covered in

Altra immagine di FIAT G.50 del 154° Gruppo Aut. C.T. con appariscente mimetica a macchie di colore verde e marrone su fondo giallo (Foto A.M.)

Another shot of 154° Gruppo Autonomo C.T. G.50, with green and brown blotches over a yellow base

fidato gregario, il Serg. Magg. Donato Mancini, questi si accorse subito delle difficoltà in cui si trovava il suo comandante, senza poter far nulla. Volarono così, per alcuni minuti, i due FIAT G.50 della 151^ Squadriglia, ala contro ala, finché Mancini vide il Cap. Pil. Mario Montefusco sollevare a fatica il braccio destro in un estremo saluto al suo fedele compagno, per poi piegare la prua dell'aereo e schiantarsi con una fiammata e un gran polverone in pieno deserto. A questo giovane ufficiale ventinovenne fu conferita la Medaglia d'Oro al V.M, "alla memoria".

Schieramento di FIAT G.50 della 361^ Squadriglia (24°Gruppo Autonomo C.T.) sul campo di Tirana (Foto A. Vigna)

Line up of G.50 from the 361^ Squadriglia (24° Gruppo Aut. C.T.), at Tirana airfield

minefields by their engineers. This unwelcome duty, which lasted around a month, was entrusted to a brave but modest 1° Aviere Armiere (Airman Armourer), Francesco Russo, who was promised to award of a Medaglia d'Argento al V.M.: but he never received his award.

On 4 July 1941 five FIAT G.50 "bis" of the 151^ Squadriglia departed Martuba, and having stopped off at the satellite airfield at Gambut, where their fuel tanks were filled, set course for Sidi El Barrani, intending to attack one of the numerous R.A.F. "LG" (Landing Ground) that were dispersed throughout the desert. Leading the formation was the unit commander, Capitano Pilota Mario Montefusco. The attack on the enemy airstrip was launched at 0800 on the dot, the first to go in being the leader, followed by his wingmen. The first pass produced an inferno of firing and smoke, and then fires broke out on the ground. A second pass was flown, but during this attack the aircraft of Capitano Mario Montefusco was caught by anti-aircraft fire, which fatally wounded the young officer in his cockpit. With calm, courage, and great difficulty, Montefusco struggled back up to cruising altitude and was joined by his faithful wingman, Sergente Maggiore Donato Mancini, who soon realised that his companion was in difficulty, but was unable to help. The two FIAT G.50 of the 151^ Squadriglia flew together for a few minutes, and then Mancini saw Capitano Pilota Mario Montefusco heavily lift his right arm in a last salute to his faithful companion, before his aircraft's nose dropped, and he dived into the desert, exploding in a cloud of dust and flame. The 29 year old officer was awarded a posthumous Medaglia d'Oro al V.M.

IL TRIONFO DEL SERG. MAGG. PILOTA ALDO BUVOLI

L'originale, simpatico emblema del 155° Gruppo Autonomo C.T., stampigliato sulla parte anteriore della fusoliera dei velivoli del Com/te Luigi Bianchi. Era stata un'idea dell'allora S.Ten.Vittorio Galfetti, pilota della 360^ Squadriglia del Cap. Pil. Gino Callieri (Foto Arch. dell'Autore)

The original emblem of the 155° Gruppo Autonomo C.T. painted on the forward fuselage of the aircraft of the commander, Luigi Bianchi. The badge was conceived by the then Sottotenente Vittorio Galfetti, a 360^ Squadriglia pilot under the command of Capitano Pilota Gino Callieri

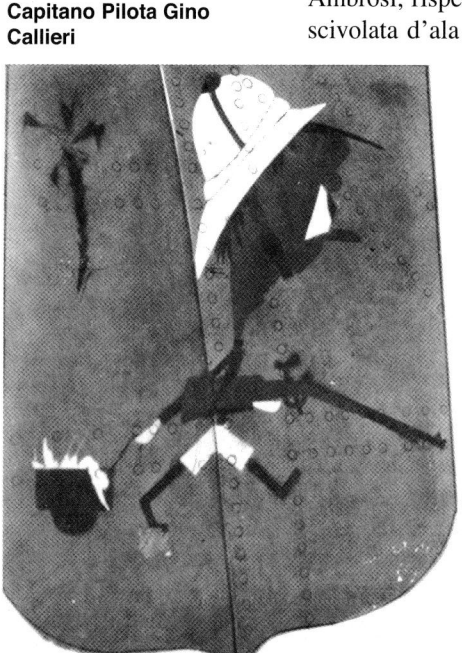

Nel frattempo, quasi in concomitanza all'arrivo dei primi FIAT G.50 "bis" della 352^ Squadriglia del Cap. Pil. Luigi Borgogno in Libia, il 155° Gruppo Aut. C.T., che avevamo visto versare i suoi malandati "Freccia" alla SRAM di Bengasi, alla data del 15 maggio 1941 potè ritirare i primi sette aerei revisionati, con l'ordine di trattenersi sullo stesso campo, in attesa di ulteriori ordini per destinazione diversa: l'aeroporto di Sollum. Ma pochi giorni dopo i nostri piloti ebbero l'ordine di rientrare a Castel Benito, per consolidare la difesa della città di Tripoli, sempre più esposta alle incursioni dell'aviazione britannica, anche in pieno giorno.

Nel pieno pomeriggio del 9 luglio 1941, in una giornata arsa dalla calura e da una soffusa foschia su tutta la baia di Tripoli, a 5000 metri di quota si trovava un FIAT G.50 della 378^ Squadriglia, ai comandi del Serg. Magg. Pilota Aldo Buvoli. Effettuava una "crociera" su quella che ormai stava diventando un frequente obiettivo dei bombers della RAF quando dall'alto della sua quota, Buvoli notò delle esplosioni sul porto di Tripoli. Nel frattempo avvistava mezza dozzina di Bristol Blenheim in rotta di scampo, cinque raggruppati ed uno leggermente sfilato, inseguiti disperatamente da due FIAT CR 42, che poi si appurò essere del 151° Gruppo Aut. C.T.. L'uno era ai comandi del M.llo Paolo Montanari, l'altro del Serg. Magg. Ottorino Ambrosi, rispettivamente della 366^ e della 368^ Squadriglia. Secca scivolata d'ala del nostro pilota e giù in candela verso gli incursori, ormai livellati sul mare, ma col vantaggio di essere a quota superiore. A contatto balistico Buvoli sparò per primo sul Blenheim di testa, poi su quello leggermente defilato, abbattendoli entrambi in mare e nonostante gli armieri di bordo reagissero con le loro Colt Browning Cal. 303-inch, continuò ad inseguirli e a sparare, fino al termine dell'autonomia e delle cartucce di bordo. All'abbattimento concorsero anche i due tenaci piloti del 151° Gruppo Aut. C.T., ai quali furono accreditati due bimotori. Si è certi, comunque che dei sette Bristol Blenheim del Bomber Squadron 110, decollati dall'aeroporto maltese di Luqa, quattro precipitarono in mare (esemplari con code numbers Z6449 / Z9537 / Z9553 / Z9578). L'aereo dello Squadron Leader W.C. Searle fu visto compiere un ammaraggio forzato, mentre quelli ai comandi del Flt. Lt. M. F. Potier e del Plt. Off. W. H. Lowe, insieme agli uomini d'equipaggio, furono ritenuti dispersi….(missing), quindi scomparsi in mare. Il Blenheim ai comandi del Sgt. W. H. Twist fu

The triumph of Sergente Maggiore Pilota Aldo Buvoli

Meanwhile, almost coincidental with the arrival of first FIAT G.50 "bis" of Capitano Pilota Luigi Borgogno's 352^ Squadrigliain Libya, the 155° Gruppo Aut.C.T., which we have seen pass its unfortunate "Freccia" to the SRAM at Benghasi, on 15 May 1941 was able to collect its first seven overhauled aircraft, with the order to hold them ready on the same airfield while awaiting orders to transfer to a different destination, the airfield at Sollum. However, only a few days later the pilots were instructed to return to Castel Benito, consolidating the defences of the city of Tripoli, increasingly the target for British air raids, often conducted in full daylight.

In the mid afternoon of 9 July 1941, with heat haze spread across the bay of Tripoli, a FIAT G.50 of the 378^ Squadriglia was airborne and cruising at 5000 metres. At the controls was Sergente Maggiore Pilota Aldo Buvoli, tasked with performing a standing patrol over what had become a frequent target for the R.A.F. bomber force. Suddenly Buvoli spotted explosions in the Tripoli port area, and then spotted a half dozen Bristol Blenheim on their exit track, five in a formation and one lagging behind. These were being desperately chased by two FIAT CR 42, which later would prove to belong to the 151° Gruppo Aut. C.T., one flown by Maresciallo Paolo Montanari, the other by Sergente Maggiore Ottorino Ambrosi, from the 366^ and 368^ Squadriglia respectively. Buvoli dropped a wing and spiralled down towards the bombers, hoping to use his height advantage against the bombers, now flying at sea level. Once within range, he fired at the leading Blenheim, and then on one slightly behind, both of which, despite the reaction from the gunners using their Colt Browning 303" calibre guns, crashed into the sea, with Buvoli continuing is pursuit until his ammu-

Due FIAT G.50 "bis" della 352^ Squadriglia del 20°Gruppo Autonomo C.T. in volo di guerra sul deserto libico (Foto R. Sgarzi)

Two FIAT G.50"bis" of the 352^ Squadriglia (20° Gruppo Autonomo C.T.) on a mission over the Libyan desert

Aeroporto di Gambut. Personale e FIAT G.50 "bis" del 20° Gruppo Aut. C.T. sulla base africana. Il pilota con "Marus", di buon'altezza è il S. Ten. Giorgio Oberweger, pilota della 352^ Squadriglia, famoso "olimpionico" degli anni trenta (Foto G. Vitali)

Gambut airfield, with FIAT G.50 "bis". The tall pilot in the "Marus" flying suit is Sottotenente Giorgio Oberweger of the 352^ Squadriglia, a famous Oylmpic athlete of the thirties

abbattuto a poche miglia a Nord di Tripoli. Probabilmente si trattava del bimotore rimasto defilato lungo la disperata rotta di scampo, abbattuto da Buvoli. Questi inoltre, aveva prima centrato quello del Comandante la formazione inglese, che si era salvato ed era stato fatto prigioniero con tutto l'equipaggio.

Una grossa rivincita verso lo strapotere e la superbia dei figli d'Albione e il meritato conferimento della Medaglia d'Argento al V. M., all'eroico, quanto taciturno e modesto Serg. Magg. Pilota Aldo Buvoli, che ho avuto l'onore di conoscere ed essere per anni nello stesso reparto, il 51° Stormo Caccia d'Istrana. Onore al valore e alla modestia di un uomo e di un pilota eccezionale.

Qualche ora dopo lo stesso Serg. Magg. Aldo Buvoli, insieme al M.llo Francesco Faggiolo, trovatisi insieme nel cielo di Tripoli, avvistavano un altro bimotore. Ai piloti sembrò ancora una volta un Bristol Blenheim. In effetti, si trattava di un "Maryland" dello Squadron 69, ai comandi del Flg. Off Waburton incaricato di controllare ed accertare l'esito dell'attacco portato dagli sventurati equipaggi del Bomber Squadron 110 su Tripoli. Inseguito dai nostri due piloti a bordo dei FIAT G.50 del 155° Gruppo Aut. C. T., il "bimotore" fu ritenuto colpito in più parti, ma non lo si vide precipitare. Da parte inglese si asserì di essere stati attaccati da Macchi MC 200, uno dei quali probabilmente abbattuto dal mitragliere della torretta dorsale.

nition and endurance were at an end. The engagement also involved the two tenacious pilots of the 151° Gruppo Aut. C.T., who were credited with two twins. It is confirmed, however, that of the seven Bristol Blenheim of 110 (Bomber) Squadron that had left the Malta airfield of Luqa, four crashed into the sea (serials Z6449 / Z9537 / Z9553 / Z9578). The aircraft of Squadron Leader W.C.Searle was seen to ditch, while those flown by Flt. Lt. M.E. Potier and Plt. Off. W.H. Lowe and their crews were posted as missing. The Blenheim flown by Sgt.W.H.Twist was shot down a few miles north of Tripoli, probably being the aircraft that was lagging behind on the desperate escape track, destroyed by Buvoli after he had shot down the aircraft of the formation leader. The crew of this bomber were rescued and taken prisoner.

This was an unparalleled success over the mighty and skilful "sons of Albion", and it merited the award of the Medaglia d'Argento al V.M. to the heroic, modest and taciturn Flight Sergeant Aldo Buvoli. The author had the honour to know and serve with him for years in the same unit, the 51° Stormo Caccia at Istrana: honour to the bravery and modesty of an exceptional pilot and man.

Some hours after, the same Aldo Buvoli, together with Maresciallo Francesco Faggiolo, once again in the sky over Tripoli, spotted another twin, identified as a Bristol Blenheim, but which, in fact, was a Maryland of 69 Squadron, flown by Flg. Off. Waburton. His mission was to carry out a post-strike reconnaissance of the attack performed by the unfortunate 110 (Bomber) Squadron crews on Tripoli. Followed by the two FIAT G.50 of the 155° Gruppo Aut. C.T., the twin was reported to have taken many hits, but was not seen to crash, while the British reported that the aircraft had been attacked by two Macchi MC 200, one of which had probably been destroyed by the gunner in the dorsal turret.

Coppia di FIAT G.50 "bis" della 353^ Squadriglia rientra alla base da una ricognizione armata sul deserto (Foto Fam. Niclot)

A pair of 353^ Squadriglia FIAT G.50 "bis" return home after an armed reconnaissance over the desert

IL 155° GRUPPO AUTONOMO C.T. DI NUOVO IN LINEA DI COMBATTIMENTO

Poco prima della fine di luglio del 1941 il 155° Gruppo Aut. C.T., era stato più volte allertato per riprendere la sua attività di prima linea, con i suoi FIAT G.50 ormai riattivati e con altri ricevuti dal 2° Gruppo Aut. C.T., ormai rimpatriato. Finalmente il 24 del mese la 360^ Squadriglia, per prima, ebbe l'ordine di raggiungere il "K.2" di Bengasi, seguita dalla 378^ che andò a schierarsi sulla base di Ain El Gazala, ove subito dopo fu raggiunta dalla 151^. Fu doloroso per il reparto perdere durante queste fasi di trasferimento, il M.llo R. T. Isidoro Catalano e l'Av. Autista Pio Colella, entrambi della 378^ Squadriglia, investiti, in circostanze si può dire banali, lungo la Via Balbia, mentre tentavano di fermare un automezzo dello stesso reparto, per farlo accodare alla colonna!

Mercoledì 3 Settembre 1941: gran battaglia nei cieli africani!

Al mattino del 3 settembre 1943 gran fermento presso l'aeroporto libico di Martuba per gli uomini del 20° Gruppo Aut. C.T., dopo l'improvviso ordine da parte del Comando del Settore Est, che aveva sollecitato il reparto del Com/te Mario Bonzano, da poco promosso Ten. Colonnello, a pianificare una ricognizione armata lungo il fronte interno. Servendosi del comodo campo trampolino di Gambut, ventisette FIAT G.50 "bis" del reparto si riunivano in quota sulla verticale della stessa base, su quella monotona distesa di sabbia e lentischio, dividendosi in due formazioni distinte, l'una formata da diciassette aerei, l'altra da dieci. A sua volta il Com/te Bonzano frazionava le due pattuglie, componendole con tre FIAT G.50 a testa, assegnate a ciascun Comandante di Squadriglia. Infine formava altre due pattugliette di cinque caccia, con il compito di scortare i nuclei da tre. Dopo il decollo da Gambut, i nostri FIAT G.50 "bis" livellavano dai 1000 ai 2500 metri di quota.
Il Com/te Mario Bonzano si assumeva il compito di guidare la scorta, volando al di sotto di un plafond di nuvole bianche, il Tenente Vittorio Merlo al di sopra.
Dopo pochi minuti di volo il primo nucleo attaccava il campo LG.05 (Sidi El Barrani), dove sorprendeva al suolo il Fighter Squadron SAAF 1, equipaggiato di Hurricane I, tre dei quali furono seriamente danneggiati. All'attacco del campo "trampolino" britannico parteciparono, in forma apparentemente indiretta, alcuni Macchi MC 200 della 374^ Squadriglia e una sezione di Bf 109F germanici.
La seconda formazione, condotta dal Cap. Luigi Borgogno, dopo aver puntato verso il mare aperto, giunta al largo, virava improvvisamente

The 155° Gruppo Autonomo C.T. back in the line of fire

Just before the end of July 1941 the 155° Gruppo Aut. C.T., having been frequently ordered to be ready to resume front line operations, and with its FIAT G.50 fleet reactivated and reinforced with others received from the now repatriated 2° Gruppo Aut. C.T., finally, on the 24 of the month, was instructed to send the 360^ Squadriglia, initially, to Benghasi "K.2", followed by the 378^. The latter was deployed to the base at Ain El Gazala, where it was soon joined by the 151^. During this transfer the unit suffered the sad loss of two of its men, Maresciallo R.T. Isidoro Catalano and Aviere Autista Pio Colella, both from the 378^ Squadriglia, and who were hit, almost banally, on the Via Balbia, in an attempt to stop one of the unit's vehicles and link it to the rear of the convoy.

Wednesday 3 September 1941: a major air battle in African skies!

On the morning of 3 September 1943 there was fervent anticipation amongst the men of the 20° Gruppo Aut. C.T., stationed on the Libyan airfield of Martuba. An unexpected order from the Comando del Settore Est had tasked the crews of Mario Bonzano, recently promoted Tenente Colonnello, to prepare an armed reconnaissance mission along the entire front line. Utilising the satellite airfield at Gambut, twenty seven FIAT G.50 "bis" of the unit joined up in formation over the airfield, surrounded by monotonous stretches of sand and scrubland, and divided into two flights, one comprising seventeen aircraft, the other ten. Next, Bonzano further split the two formations, establishing a group of three G.50 at the head of each flight, the Squadriglia commanders leading the trios. Finally, he composed a further two flights of five aircraft, tasked with escorting the three-ship flights. Having got airborne from Gambut, the FIAT G.50 "bis" levelled at altitudes between 1000 and 2500 metres.
Commander Mario Bonzano assumed the role of escort leader, flying under a layer of white cloud, with Tenente Vittorio Merlo flying above. After a few minutes flight the first group attacked LG.05 (Sidi El Barrani) landing ground, catching 1 Fighter Squadron (SAAF) on the ground, seriously damaging three of its Hurricane I. The raid on the British satellite aircraft also involved an apparently unconnected attack by some Macchi MC 200 of the 374^ Squadriglia and a section of Luftwaffe Bf 109F.
The second formation, led by Capitano Luigi Borgogno, having set out towards the open sea, made a sudden right turn of some 180 degrees, and diving to sea level struck the camp at Abayr El Drin, a position

Due illustri piloti del 20° Gruppo Aut. C.T., il Cap.Riccardo Roveda a sinistra e il Maggiore Gino Callieri alla destra (Foto L.Biccolini)

Two well-known pilots of the 20° Gruppo Autonomo C.T. Capitano Riccardo Roveda is on the left, and Maggiore Gino Callieri is on the right

Il FIAT G.50 "bis" del Tenente Pil.Giuseppe Vitali in volo lungo le coste libiche (Foto G.Vitali)

The FIAT G.50 "bis" of Tenente Giuseppe Vitali flies along the Libyan coast

di 180 gradi e picchiando a pelo di mare, piombava sul campo d'Abayr El Drin, una località situata a 5 miglia da Sidi El Barrani, ove i cacciatori italiani asserirono di aver mitragliato e probabilmente messo fuori uso diversi automezzi britannici. Riunitasi in quota, la stessa pattuglia riprese la rotta verso Nord, poi virò a ponente, trovandosi di sotto un concentramento di carri pesanti inglesi nella zona

situated 5 miles from Sidi El Barrani, when the Italian fighters reported straffing and probably putting out of use several British vehicles. Once back at cruising level, the flight resumed its northward track, and then turned east, finding itself adjacent to a concentration of British heavy armour in the Zavjet El Tarfaya area. This target was dive-bombed, an attack that was met with heavy anti-aircraft response. Undamaged by the attention of the lethal 40/56 "Bofors", Borgogno climbed the G.50 formation to 500 metres, overflying the coast, turning once again towards Sidi El Barrani. Close to the British, at slightly less than 1000 metres altitude, the Italians spotted Bonzano's formation engaged in a furious air combat. A dozen Curtiss P-40 Tomahawk II, belonging to 2 Fighter Squadron (SAAF), which had scrambled from LG.05 at Sidi El Barrani, had intercepted the Italian G.50 "bis". The pilots of the 20° Gruppo Aut. C.T. reported that they had been engaged by Hurricane I, but in truth their opponents were Tomahawks! The providential arrival of Borgogno's section, despite the fact that their ammunition was exhausted, was an important contribution in matching, or even out performing, their adversaries!

Without entering into the details of the engagement, which any case was highly dramatic, the outcome is worthy of attention. The Italian pilots, exaggerating as usual, claimed to have destroyed twelve enemy aircraft against confirmed combat losses of four G.50; three of the Italian fighters managed to force land in the desert, where their pilots (Sottotenente Muratori, Sergente Maggiore Vescovi, Sergente Silvestri) were taken prisoner. The fourth aircraft, piloted by Sergente Bruno Baldacci of the 353^ Squadriglia, dived into a British encampment and exploded, the unfortunate pilot being killed on impact.

In the accounts published in the Fighters Over The Desert", by Christopher Shores and Hans Ring, a totally different version is presented. The pilots of 2 Fighter Squadron (SAAF) who more than other

Aeroporto di Castel Benito: estate del 1941. Uno dei più valorosi piloti del 155° Gruppo Autonomo C.T., il Serg. Magg. Aldo Buvoli della 378^ Squadriglia (155° Gruppo Aut. C.T.), protagonista di un brillante combattimento aereo contro una formazione di sette Bristol Blenheim del Bomber Squadron 110, provenienti da Malta, in azione offensiva il giorno 9 luglio 1941 su Tripoli. Intercettati e inseguiti al largo delle coste africane il nostro pilota riusciva, ad abbattere quattro incursori. L'immagine lo riprende accanto al suo FIAT G.50 "378-8" – M.M.6384 (Foto Nila Steffan Buvoli)

On 9 July 1941 seven Blenheim of 110 Squadron, coming from Malta, were despatched to raid Tripoli. The FIAT G.50 "bis" led by Sergente Maggiore Aldo Buvoli pilot of 378^Squadriglia, had been posted there to intercept such raids and on this occasion were patrolling at high level. Seeing the bombers, Buvoli dived to attack, claiming two shot down, and chasing the others out the sea. Four Blenheims, in fact, failed to return. The picture shows Sergente Maggiore (Flight Sergeant) Aldo Buvoli and his FIAT G.50 "bis" – "378-8" - M.M.6384

Particolare dell'emblema del "Gatto Nero" stampigliato sulle derive dei FIAT G.50 "bis" del 20° Gruppo Aut. C.T. sul fronte libico. La deriva mostra chiaramente alcuni fori di proiettili, segni di un recente combattimento aereo (Foto A.M.)

Close up of the "Gatto Nero" – Black Cat emblem applied to the fins of 20Gruppo Aut. C.T. FIAT G.50 "bis in Libya. The photo cleary shows some bullet holes, signs of recent air combat

di Zavjet El Tarfaya, che attaccava in picchiata, nonostante la violenta reazione dei pezzi a/a piazzati attorno ai carriaggi! Indenne, senza che un solo colpo dei micidiali "Bofors" da 40/56 avesse colpito qualche G.50, Borgogno portava la pattuglia sui 500 metri di quota, sorvolando la costa, per dirigere nuovamente verso Sidi El Barrani. Ma nei pressi della base inglese, a poco meno di 1000 metri di quota, i nostri piloti avvistarono il gruppo di Bonzano impegnato in un combattimento furioso nel cielo. Una dozzina di Curtiss P-40 "Tomahawks II", appartenenti al Fighter Squadron SAAF 2, decollati su allarme dall'LG.05 di Sidi El Barrani, aveva intercettato i nostri G.50 "bis". I piloti del 20° Gruppo Aut. C.T. ritennero di essersi scontrati con "Hurricane I", ma in effetti quegli aerei nemici erano dei "Tomahawks"! Il provvidenziale arrivo della sezione di Borgogno, nonostante nei contenitori di bordo dei loro G.50 "bis" scarseggiassero le munizioni, fu un contributo importante per riequilibrare, anzi, sovrastare l'avversario!

Senza entrare nei dettagli dello scontro, che in ogni caso fu davvero drammatico, riferiremo soltanto gli esiti dello stesso. I piloti italiani, ritennero erroneamente di aver abbattuto dodici velivoli avversari, contro la perdita effettiva di quattro G.50; tre aerei erano riusciti a compiere difficili atterraggi nel deserto, dove i piloti furono fatti prigionieri (S. Ten. Muratori, Serg. Magg. Vescovi, Serg. Silvestri). Il quarto velivolo, pilotato dal Serg. Bruno Baldacci della 353^ Squadriglia, si schiantò invece nei pressi di un accampamento britannico, ove il povero giovane trovò morte immediata!

Il FIAT G.50 "bis" "352-5" ai comandi del Cap. Pilota Furio Niclot Doglio (Foto Fam. Niclot)

The FIAT G.50 "bis" "352-5" flown by Capitano Pilota Furio Niclot Doglio

"Campo trampolino" di Sidi Rezegh, località più volte sfruttata dai reparti della Regia Aeronautica trovatisi a ridosso del fronte terrestre, per agevolare una maggiore profondità verso le linee britanniche. Un campo fatto di sabbia e lentisco, dove ebbe a trovarsi sovente il 20° Gruppo Aut. C.T.. L'immagine ci mostra, infatti, un Caproni Ca 133 della 352^ Squadriglia ed un camion FIAT Super 66, incaricati di trasportare uomini e materiali di pronto impiego (Foto G. Vitali)

Sidi Rezegh satellite airfield, frequently utilised by units of the Regia Aeronautica due to its proximity to the front line. This sandy and bare strip often accommodated the 20° Gruppo Autonomo C.T. This picture shows a Caproni Ca 133 of the 352^ Squadriglia and a FIAT Super 66 lorry, both charged with transporting men and supplies tothe forward location

L'eroico Cap. Pilota Mario Montefusco, comandante della 151ª Squadriglia (20° Gruppo Aut. C.T.), abbattuto dalla contraerea inglese sulla piazzaforte di Sidi El Barrani il 4 luglio 1941. Alla sua memoria fu concessa la Medaglia d'Oro al V.M. (Foto A.M.)

The heroic Flight Lieutenant Mario Montefusco, Commander of 151ª Squadriglia (20° Gruppo Aut. C.T.), shot down by anti-aircraft fire over Sidi El Barrani on 4 July 194. Italian pilot received a posthumous award of the Medaglia d'Oro

In realtà dai resoconti tratti dal volume *Fighters Over The Desert*, di Christopher Shores ed Hans Ring, si ricavano invece delle notizie completamente diverse. I piloti del Fighter Squadron SAAF 2, che più degli altri si distinsero in questa impressionante battaglia aerea, furono il Lt. C. A. Whaites, primo ad abbattere un nostro G.50, precipitato a due miglia dalla base di Sidi El Barrani. Il Lt. Cullums ne colpiva un secondo, che atterrava in emergenza in territorio controllato dalle truppe britanniche. Un terzo G.50 fu fatto letteralmente a pezzi dal tiro simultaneo di cinque "Tomahawks", ricevendo il colpo di grazia ("coup de grace") dai Lt. Stanford, e Wells. Il velivolo italiano precipitava a circa cinque miglia ad Ovest di Sidi El Barrani. Un quarto aereo era assegnato ai Flying Officers Farrell e Gerneke. Tutto qui.

Domenica 7 Settembre 1941

Ordine Operativo N.01741/S, proveniente al tramonto del giorno prima dal Comando Settore Est, che assegnava al 155° Gruppo Aut. C.T. il compito di attaccare, sotto la scorta di alcuni Macchi MC 200 del 153° Gruppo Aut. C.T., due aeroporti situati a Sud di Sidi El Barrani (i campi di Sanyet e Stcherasat), sui quali la nostra ricognizione aerea aveva accertato la presenza di diverse sezioni di "Tomahawks" dei Fighter Squadrons SAAF 1 & 2, Hurricane I del Fighter Squadron 33 e nuclei della Royal Navy, quali "Albacore" e qualche "Swordfish".
Sotto la guida del Cap. Pilota Bruno Tattanelli otto FIAT G.50 "bis" staccavano di primissimo mattino le ruote dalla pista di Gambut, per dirigere verso il mare, lungo la direttrice Gan El Ario-Marsa Matruk. I piloti della 378^ Squadriglia, dopo essersi spinti per oltre sette miglia dalla costa, ricevevano l'ordine dal Cap. Tattanelli di assumere la rotta verso il territorio egiziano, trovandosi a sorvolare dopo pochi minuti una zona deserta a circa trenta chilometri da Sidi El Barrani. Da qui la piccola formazione picchiava decisa verso gli obiettivi assegnati, riuscendo ad effettuare due passaggi sulle zone ove era stato previsto di compiere l'attacco. Fin dal primo passaggio qualcosa cominciò a bruciare al suolo. Un paio di Hurricane Mk.1 riuscivano, nel marasma dell'attacco, a decollare, con lo scopo di attaccare gli incursori, ma furono affrontati e allontanati a suon di raf-

Personale specialista della 352^ Squadriglia al riparo sotto l'ombra dell'ala destra di un FIAT G.50 "bis" del reparto (Foto R. Sgarzi)

Ground technicians of 352^ Squadriglia covered under the right wing of one FIAT G.50 "bis" of the unit

distinguished themselves in this impressive air battle, were Flying Officer C.A.Whaites, the first to shoot down a G.50, which crashed two miles from the base at Sidi El Barrani. Flying Officer Cullums hit a second, and watched it make an emergency landing in an area controlled by British forces. A third G.50 was literally shot to pieces by the simultaneous fire of five Tomahawks, receiving the coup de grace from Lt. Stanford, and Lt. J.R. Wells. The Italian fighter crashed around five miles west of Sidi El Barrani. A fourth aircraft was assigned to Lt: Farrell and Lt. Gerneke. Little remains to be said about the conflicting combat claims.

Sunday 7 September 1941

Ordine Operativo N. 01741/S, issued at sunset on the previous day by Comando Settore Est, assigned the 155° Gruppo Aut. C.T. the taks of attacking, under the escort of some Macchi MC 200 of the 153° Gruppo Aut. C.T., two airfields located south of Sidi El Barrani (the strips at Sanyet and Stcherasat), on which Italian reconnaissance had detected the presence of several flights of Tomahawk from 1 and 2 Fighter Squadrons (SAAF), Hurricane I of 33 (Fighter), and elements of the Fleet Air Arm, including Albacore and some Swordfish.
by Capitano Pilota Bruno Tattanelli, eight FIAT G.50 "bis" lifted off from the runway at Gambut in the early morning sunlight and headed out to sea in the Gan El Ario-Marsa Matruh direction. The pilots of the 378^

FIAT G.50 "bis" della 352^ Squadriglia (20° Gruppo Aut. C.T.) in volo di guerra sul deserto marmarico (Foto R. Sgarzi)

A FIAT G.50 "bis" of the 352^ Squadriglia (20° Gruppo Aut. C.T.) on a combat mission over the desert

Alcuni FIAT G.50 "bis" del 20° Gruppo Aut. C.T. sulla spianata del campo di Gambut (Foto G.Vitali)

Some FIAT G.50 "bis of 20° Gruppo Aut. C.T. in the bush around Gambut airfield

fiche di mitragliatrici. Nel cielo campo fu violentissima la reazione antiaerei, col solito lancio di diversi spezzoni di cavi d'acciaio, scaraventati al cielo da potenti cariche propulsive intubate in pseudo-cannoni. Uno di questi andò ad imbrigliarsi nel timone di coda del FIAT G.50 "bis" pilotato dal Serg. Magg. Giovanni Del Fabbro, che riuscì in ogni caso a rientrare ugualmente alla base. Dai rapporti di fonte britannica si è certi che gli inglesi subirono seri danni sui due campi attaccati dagli italiani: la distruzione certa di due "Tomahawks" e di altrettanti Hurricane, mentre altri undici caccia dello stesso tipo subirono danni più o meno gravi.

Per quanto concerne tale azione, gli inglesi erano riusciti a conoscere in anticipo la Missione Nr. 01741/S, impartita dal Comando del Settore Est, grazie al loro ormai affidabile "Enigma". Perciò s'erano attivati nell'attaccare di notte la base di Martuba, sulla quale, oltre che lanciare delle comuni bombe, fecero cadere a "pioggia" migliaia di chiodi a tre punte, ben noti ormai da qualche tempo ai nostri aviatori, perché foravano le ruote degli aerei in atterraggio e in decollo. Nella circostanza, subirono alcune conseguenze i Macchi 200 del 153° Gruppo Aut. C.T., riunitisi per primi sul campo trampolino di Gambut. E fu merito di un solerte Ufficiale del Ruolo Servizi, il Tenente Alessi e di una volenterosa squadra di Avieri, che bonificando l'intera zona per tutta la notte, se all'alba del mattino dopo, i nostri caccia poterono decollare tranquillamente per l'azione programmata!

All'alba del 18 novembre 1941 le forze britanniche sferravano la loro seconda offensiva sul fronte dell'Africa settentrionale, investendo le forze italo-tedesche su tutta la linea di confine, dove il sacrificio di intere divisioni non valse a fermare lo strapotere degli avversari: iniziava così l'*Operazione Crusader*!
Nel pomeriggio dello stesso giorno alcuni "Maryland" del 21 SAAF Squadron attaccavano il campo di Martuba. Nonostante le condizioni meteorologiche avverse, caratterizzate da violenti nubifragi su tutto il territorio libico-egiziano, che in un certo senso favorirono l'inizio dell'avanzata britannica, alcuni FIAT G.50 "bis" erano riusciti a decollare tra la fanghiglia delle piste, senza comunque riuscire a contrastare l'azione del nemico. Solo l'incontro con un isolato Bristol Blenheim aveva dato la possibilità a due piloti del reparto (M.llo Iannucci e Serg. Magg. Pecchiari) di sparare ben 300 colpi, senza però cogliere alcun risultato.

Dopo una notte di ripetuti attacchi dell'aviazione avversaria, in un cielo, che pur nuvoloso era ugualmente invaso da fitte formazioni di aerei nemici, nel primo pomeriggio del 19 novembre 1941 l'intero 20° Gruppo Aut. C.T., con ventidue dei suoi FIAT G.50 "bis", si spostava da Gambut al campo trampolino di Sidi Rezegh, una spianata avvilente, ricavata in pieno deserto, per favorire una vicinanza alle linee nemiche. Appena giunti sul campo, dove gli specialisti si pre-

Squadriglia, having followed the coast for seven miles, were ordered by Capitano Tattanelli to set course for Egyptian territory, and after a few minutes flying found themselves over the desert some thirty kilometres from Sidi El Barrani. The small formation dived on its assigned objective, and managed to fly two passes over the area in which target was located. After the first pass, fires were breaking out on the ground. In the chaos of the attack, a pair of Hurricane Mk.1 managed to take off with the aim of attacking the raiders, but were confronted and driven off with well-aimed machine gun fire. Over the airfield there was intense anti-aircraft reaction, which included the usual launching of rockets towing steel cables, launched skywards with explosive charges held in tubular pseudo-cannons. One of these wrapped itself around the rudder of the FIAT G.50 "bis" piloted by Sergente Maggiore Giovanni Del Fabbro, who nevertheless managed to return to base. From British combat reports it is confirmed that the British airfield suffered serious damage in the raid: two Tomahawk were destroyed plus a number of Hurricane, while eleven fighters of the same type received varying levels of severe damage.

Unfortunately for the Italians, the British were well aware of the aims of Missione Nr. 01741/S, ordered by the Comando of Settore Est. Their now reliable "Enigma" decodes had provided all the details, enabling them to launch a night attack on the airfield at Martuba during which, besides delivering the usual bombs, they dropped a shower of thousands of three-pointed metal spikes, by then a tactic well known to the Italians, which punctured the wheels of their aircraft during take off and landing. This operation would have affected the Macchi 200 of the 153° Gruppo Aut. C.T., scheduled to be the first unit to use the Gambut satellite airfield on the next morning. Luckily the alert response of a Technical Services Officer, Tenente Alessi, and a volunteer team of Avieri [airmen] enabled the entire area to be made safe, a task that lasted the entire night, but which permitted the Italian fighters to take off on their programmed missions with no delay.

At dawn on 18 November 1941 the British forces launched their second offensive on the North African front, assaulting the German and Italian line along its length, where even the sacrifice of entire Axis divisions was unable to halt the inexorable advance of the overwhelming Allies: Operazione Crusader had begun!

In the afternoon of the same day a few Maryland of 21 Squadron (SAAF) attacked the airfield at Martuba. Despite the adverse weather conditions, characterised by violent downpours throughout Libyan and Egyptian territory, which in a certain sense assisted the British advance, some FIAT G.50 "bis" had managed to get airborne from the muddy wastes that had been created on the ground. They were unable to confront the attackers, and only by coincidence chanced upon a single Bristol Blenheim, against which the two pilots from the unit

Provvisorio cimitero di guerra sul fronte dell'Africa settentrionale. Funerali per un pilota italiano caduto in combattimento aereo

A temporary war cemetery on the North African front. A fallen Italian pilot is laid to rest

murarono di rabboccare i serbatoi del carburante, ben quindici "Tomahawk" del Fighter Squadron 112 (lo "Shark Squadron" - quello con le prue decorate da una fila di denti da squalo), attaccarono a volo radente lo schieramento italiano. Un FIAT G.50, crivellato in tutta la sua struttura prese fuoco, mentre altri furono colpiti più o meno gravemente, da essere esclusi dalla missione d'attacco che gli aerei del reparto di Bonzano avrebbero dovuto portare sulle avanguardie nemiche! Qualcosa di peggio doveva caratterizzare la presenza dei nostri FIAT G.50 "bis" in pieno deserto. Quando da ore si era già scatenata la controffensiva britannica, compariva sulle non lontane dune desertiche un nutrito gruppo di carri armati, che ben presto si dimostrarono essere inglesi. Nel volgere di pochi minuti accerchiarono la base, non prima che tre soli G.50 potessero decollare (Ten. Vitali/M.llo Tarantola/Serg. Magg. Pecchiari). Tutti gli altri, compreso un Caproni Ca 133, furono catturati e distrutti dai carri inglesi, appartenenti alla VII Brigata Corazzata. Questa era riuscita ad aprirsi un varco la mattina, fra elementi della nostra Divisione Corazzata *Ariete* ed elementi germanici, sorprendendo il 20° Gruppo Aut. C.T. sulla spianata di Sidi Rezegh. Uno smacco senza uguali. Rimasero in mano agli inglesi anche sei uomini del reparto, fra Ufficiali, Sottufficiali e Graduati specialisti, quasi tutti liberati dopo che i carri inglesi ebbero a scontrarsi con carri italo-tedeschi, mentre il grosso del personale di Bonzano, con il Comandante in testa, riuscirono a sfuggire miracolosamente alla cattura, imbarcandosi sui pochi automezzi presenti sulla base, per raggiungere Martuba a notte inoltrata!

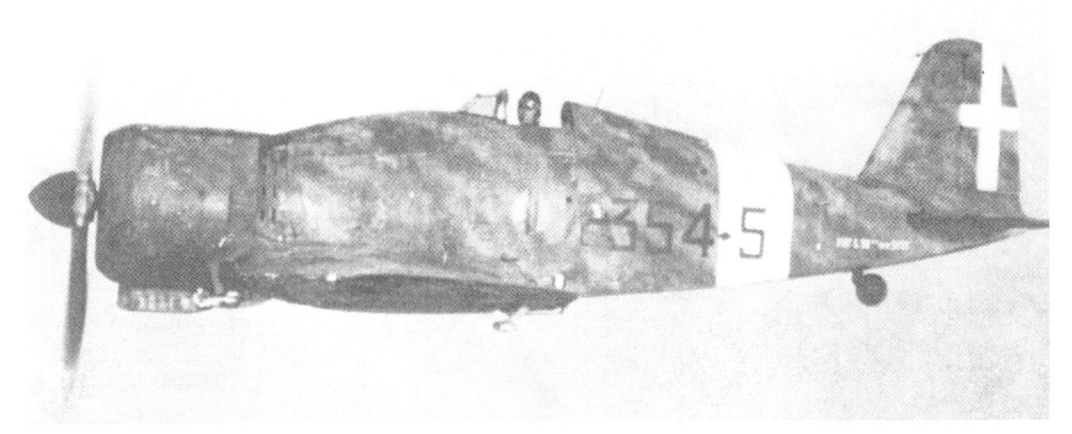

(Maresciallo Iannucci and Sergente Maggiore Pecchiari) fired some 300 rounds, but without any tangible results.

After a night of repeated enemy air attacks, and in a cloudy sky which was populated by equally dense formations of enemy aircraft, in the early morning of 19 November 1941 the entire 20° Gruppo Aut. C.T., with twenty two of its FIAT G.50 "bis", relocated from the satellite airstrip at Gambut to the airstrip at Sidi Rezegh, an isolated patch carved out of the desert and benefiting from close proximity to the front line. Just after their arrival at the strip, and while the groundcrews were hurrying to refill the fuel tanks, some fifteen Tomahawk of 112(Fighter) Squadron (the "Shark Squadron" - whose aircraft featured a line of sharks' teeth on the nose), performed a low level attack on the Italian flight line. One FIAT G.50, its fuselage riddled with shells, caught fire, while the others were more or less gravely damaged, and unable to perform the mission which Bonzano had been ordered to undertake: an attack on the enemy forward columns. But something worse was to characterise the presence of the Italian FIAT G.50"bis" in mid-desert, and event that occurred some hours after the beginning of the British counteroffensive. From some nearby sand dunes a large number of armoured vehicles appeared, and it quickly became evident that they were British. In a few minutes they had surrounded the base, but not before just three G.50 had managed to depart (flown by Tenente Vitali, Maresciallo Tarantola, and Sergente Maggiore Pecchiari). All the others, together with a Caproni Ca 133, were captured and destroyed by the British tanks, part of the VII Armoured Brigade, which had managed to push through a gap between the Italian Divisione Corazzata Ariete and German elements during the morning, surprising the 20° Gruppo Aut. C.T. at Sidi Rezegh. This was a setback of unprecedented embarrassment. Six men of the unit fell into British hands, Officers, NCOs, and other ranks, but nearly all of them were freed after the British forces clashed with Italian and German armour. The majority of the personnel, led by Bonzano himself, miraculously managed

Nel luglio 1941 il 24° Gruppo Aut. C.T. (Squadriglie 354^/355^/370^) fu trasferito da Grottaglie (Taranto) a Monserrato (Cagliari) - la 355^ fu dislocata ad Alghero – per la scorta sul mare ai nostri aerosiluranti. Esemplare della 355^ Squadriglia, ai comandi del Serg.Magg.Pilota Renato Mazzotti, in volo perlustrativo lungo le coste occidentali della Sardegna (Foto R. Mazzotti)

In July 1941 the 24° Gruppo Aut. C.T. (Squadriglie 354^/355^/370^) was transferred from Grottaglie (Taranto) to Monserrato (Cagliari) - the 355^ being further detached to Alghero – to provide escorts for the Italian torpedo bomber force. This is an example from the 355^ Squadriglia, flown by Sergente Maggiore Pilota (Flight Sergeant)Renato Mazzotti, engaged in a patrol along the western coast of Sardinia

Il M.llo Lorenzo Serafino, pilota della 351^ Squadriglia (155° Gruppo Aut. C.T.) rientra alla base dopo un'azione offensiva condotta sul fronte terrestre Foto A.M./Via C.L ucchini)

Maresciallo Lorenzo Serafino, a pilot of the 351^ Squadriglia (155° Gruppo Autonomo C.T.), returns to base following an offensive action on the desert front

L'episodio inquietante di Sidi Rezech portò lo sconforto in tutto il personale del 20° Gruppo Aut. C.T. e nei nostri stessi alleati germanici, increduli di una disfatta così pesante quanto impressionante. Il reparto del Com/te Mario Bonzano era rimasto in concreto privo di aeroplani, che gli furono in parte reintegrati con cessioni provenienti da unità presenti sul fronte africano mentre qualcuno di nuovo giunse direttamente dall'Italia. Così il 30 novembre 1941, il reparto si affiancò al gemello 155° Gruppo Aut. C.T., per compiere una missione congiunta sulle linee del fronte. L'azione prevedeva la scorta a diciotto Junkers Ju 87 germanici del II/St.G.2 in attacco su concentramenti di truppe neozelandesi, scoperte a Sud-Est di Bir El Gobi. Ma prima di giungere sulla verticale dei loro obiettivi, caccia e tuffatori italo-tedeschi erano affrontati da numerosi *Flights* britannici. Sulla zona volavano infatti dei "Tomahawks II" dello Squadron 112 e dello Squadron SAAF 3, che si buttarono subito sui tuffatori. Primi ad essere impegnati i FIAT G.50 "bis" della scorta indiretta, visti gettarsi in candela sugli assalitori, i quali, secondo gli inglesi, in parte avrebbero mollato le bombe in pieno deserto. L'intera formazione dell'Asse era formata anche da sette Macchi MC 200 del 12° Gruppo Aut. C.T., un reparto che aveva avuto in dotazione anche i FIAT G.50. Affianca-vano i "Saetta" alcune Staffeln di Bf 109F del II/JG 27, alquanto frazionate nel cielo. Dodici "Tomahawks II" del 3 SAAF dello Sq/Ldr Rawlinson, attaccavano l'intera formazione, accreditandosi subito tre MC 200, uno abbattuto dallo stesso comandante l'uni-

to evade capture, escaping on some vehicles stored at the airstrip, and arriving back at Martuba after nightfall.

The disturbing episode at Martuba cast a sinister shadow over the personnel of the 20° Gruppo Aut. C.T. and provoked grave disquiet amongst their German allies, incredulous that such an event could occur. Commander Mario Bonzano's unit remained without aircraft until it was assigned aircraft from other units present in the theatre, or flown in directly from Italy. Thus on 30 November 1941 the unit was able to join its twin 155° Gruppo Aut. C.T., in a joint mission over the front line. The task was to escort eighteen German Junkers Ju 87 from II/St. G.2 in an attack on New Zealand troop concentrations discovered south east of Bir El Gobi, but before reaching their target the fighter and dive-bomber formation was met by numerous flights of Allied aircraft. Flying over the area were the Tomahawks II of 112 Squadron 112 and 3 Squadron (SAAF 3), which were the first to pounce on the raiders. The first to be engaged were the FIAT G.50 "bis" of the indirect escort, who were seen to dive down on attackers, with the British reporting that their prey were dropping their bombs in mid-desert. Also part of the Axis formation were seven Macchi MC 200 of the 12° Gruppo Aut. C.T., a unit which will be recorded was also equipped with the poor FIAT G.50. Flying with the "Saetta" were some Staffeln of Bf 109F from II/JG 27, all spread throughout the sky. Twelve Tomahawk

Un FIAT G.50 "bis" della 352^ Squadriglia in missione di guerra sul deserto libico (Foto R. Sgarzi)

A FIAT G.50 "bis" of 352^ Squadriglia in war mission over the Libyan desert

tà australiana, gli altri dal Plt. Off. Trimble, il quale dichiarava il danneggiamento di tre Stuka. Il Flying Officer Gibbes, da parte sua affermava la distruzione di un FIAT G.50 e di uno Ju 87. Il Sgt. Cameron danneggiava - sempre a suo dire - un G.50 e quattro Stuka. Più aggressivo il Sgt.Wilson, che da solo avrebbe danneggiato uno Ju 87, un MC 200 ed un Bf 109F.
Da parte tedesca L'Oberfeldwebel (Serg. Magg. Pilota) Schulz del II/JG 27, abbatteva sicuramente il "Tomahawks II" del Sgt. Cameron, costretto a lanciarsi col paracadute e soccorso dal Wg. Cdr. Jeffrey.
Il Fl. Lt. Arthur fu abbattuto, non specificando da chi, ma di certo fu costretto a compiere un fortunoso atterraggio in pieno deserto, per rientrare sano e salvo alla base, dove asserì di aver abbattuto un G.50, un Macchi MC 200 e due "Stuka". Fin qui le affermazioni dei cacciatori del 3 SAAF, che sostennero di aver conseguito un totale di dodici vittorie, contro i due "Tomahawks II" realmente non rientrati al campo di partenza. I cacciatori del Fighter Squadron 112, il celebre "Shark Squadron" del Comandante Morello, si accreditarono tre sole vittorie: un Macchi MC 200, abbattuto dal Plt. Off. Bowker, mentre il parigrado Duke ed il Sgt. Leu ritennero di aver abbattuto un FIAT G.50 a testa. I primi due piloti britannici non fecero ritorno alla base perché abbattuti durante lo scontro. Il Plt. Off. Bowker era stato sicuramente colpito da un nostro FIAT G.50, il cui pilota lo vide schiantarsi nei pressi di un Land Ground (LG.122). Il Plt. Off. Duke sarebbe stato abbattuto invece dallo scatenato Obfw. Schulz, che affermò di averlo visto cadere nei pressi di Tobruk. Entrambi i piloti britannici furono tratti in salvo il giorno successivo.
Veniamo ora alla parte italiana riguardante i due reparti dotati di FIAT G.50 "bis", 20° e 155° Gruppo Aut. C.T. trovatisi a compiere la stessa missione. Dai rapporti tratti dalle "Relazioni Giornaliere", presso lo Stato Maggiore, si ricava che i cacciatori di Bonzano e Bianchi avrebbero abbattuto ben sette aeroplani nemici, con altri tre giudicati danneggiati ed uno probabilmente abbattuto. Il primo caccia se lo sarebbe aggiudicato il Tenente Giorgio Oberwerger che pur essendosi inceppate più volte le armi del suo G.50, avrebbe visto precipitare il caccia nemico. Altro abbattimento per opera del Serg. Bonazza ed un terzo, seguito da un quarto, per mano del Serg. Guiducci. Il quinto caccia britannico era considerato abbattuto in collaborazione fra il Tenente Baschiera, il M.llo Tarantola e i Serg. Magg. Nannelli e Mancini. I piloti del 155° Gruppo Aut. C.T. non furono da meno, annoverando altre due vittorie per mano del S. Ten. Pietro Zanello e del Serg. Angelo Abrami, mentre i Tenenti Martinelli, Galfetti e Bonfiglio, giudicavano di averne danneggiati altri due. Il Ten. Col. Luigi Bianchi asseriva il probabile abbattimento di un P-40, dichiarando di aver colpito anche un altro caccia, identificato per un Hurricane!
Di vero fu che il 155° Gruppo Autonomo C.T. perse effettivamente

II of 3 Squadron (SAAF), led by Sq. Ldr. Rawlinson, attacked the entire formation, quickly claiming three MC 200, one shot down by the Australian unit commander, the others by Plt. Off. Trimble, who also claimed three Stuka damaged. Flying Officer Gibbes, on his part, reported the destruction of a FIAT G.50 and one Ju 87. Sgt. Cameron damaged, according to his report, a G.50 and four Stuka. More aggressive was Sgt. Wilson, who alone damaged one Ju 87, one MC.200, and a Bf 109F.

One the German side, Oberfeldwebel Schulz of II/JG 27 destroyed the Tomahawk II of Sgt. Cameron, who parachuted to safety and was rescued by Wg. Cdr. Jeffrey.

Fl. Lt. Arthur was shot down, by whom is unclear, but he was forced to make an emergency landing in mid desert, returning safe and sound to his base, where he claimed to have destroyed a G.50, an Macchi MC 200, and two "Stuka". The pilots of 3 Squadron (SAAF) reported that they had managed some twelve victories, with two of their Tomahawk II failing to return to base. The crews of 112 (Fighter) Squadron, the celebrated "Shark Squadron", claimed only three victories: a Macchi MC 200, shot down by Plt. Off. Bowker, while his colleagues Plt. Off Duke and Sgt. Leu reported destroying a FIAT G.50 each. Both of these two British pilots failed to return to base, being shot down during the engagement. Plt. Off. Bowker was definitely shot down by a FIAT G.50, whose pilot saw it hit the ground near Landing Ground 122. Plt. Off. Duke was the victim of Obfw. Schulz, who saw the aircraft go in near Tobruk. Both British pilots were rescued on the following day.

Now comes the Italian side regarding the two units equipped with FIAT G.50 "bis", the 20° and 155° Gruppo Aut. C.T., which were tasked with participating in the same mission. From the usual "Relazioni Giornaliere", the monumental series of paper reports still present in the Stato Maggiore, it is apparent that the fighter force led by Bonzano and Bianchi claimed the destruction of some seven enemy aircraft, with another three judged as damaged, and one further probable reported. The first fighter was attributed to Tenente Giorgio Oberwerger, who despite suffering from continual jamming of the machine guns of his G.50, reported seeing his victim hit the ground. Another kill was reported by Sergente Bonazza and a third, followed bhy a fourth, were given to Sergente Guiducci. The fifth British fighter was claimed by a group of four pilots, Tenente Baschiera, Maresciallo Tarantola, and Sergenti Maggiore Nannelli and Mancini. The pilots of the 155° Gruppo Aut. C.T. were equally buoyant, attributing another two victories to Sottotenente Pietro Zanello and Sergente Angelo Abrami, while Tenenti Martinelli, Galfetti and Bonfiglio reported destroying another two. Tenente Colonnello Luigi Bianchi claimed the probable destruction of a P-40, and reported that he had hit a further fighter, identified as a Hurricane!

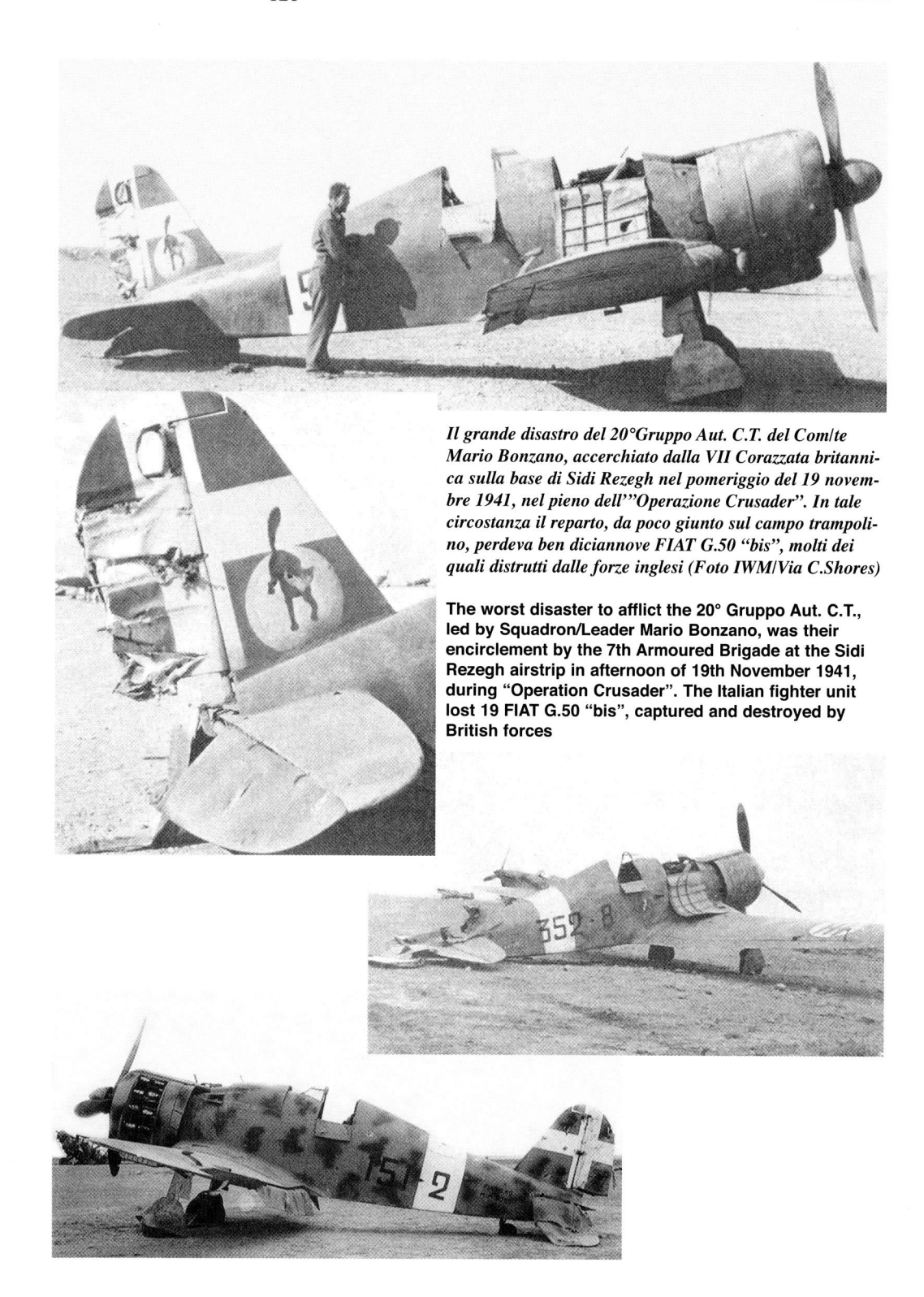

Il grande disastro del 20°Gruppo Aut. C.T. del Com/te Mario Bonzano, accerchiato dalla VII Corazzata britannica sulla base di Sidi Rezegh nel pomeriggio del 19 novembre 1941, nel pieno dell'"Operazione Crusader". In tale circostanza il reparto, da poco giunto sul campo trampolino, perdeva ben diciannove FIAT G.50 "bis", molti dei quali distrutti dalle forze inglesi (Foto IWM/Via C.Shores)

The worst disaster to afflict the 20° Gruppo Aut. C.T., led by Squadron/Leader Mario Bonzano, was their encirclement by the 7th Armoured Brigade at the Sidi Rezegh airstrip in afternoon of 19th November 1941, during "Operation Crusader". The Italian fighter unit lost 19 FIAT G.50 "bis", captured and destroyed by British forces

Oasi di Sorman. FIAT CR 42 e FIAT G.50 "bis" della 393^ Squadriglia (160° Gruppo Autonomo C.T. del Com/te Ferdinando Zanni), inviato in Libia fin dal 9 agosto 1941, come reparto d'assalto, con altre due unità, la 394^ e la 375^ Squadriglia (Foto V. Ghini/Via P. F. Gualfucci)

Sorman oasis. FIAT CR 42 and FIAT G.50 "bis" of the 393^ Squadriglia (160°Gruppo Autonomo C.T. of Ferdinando Zanni), present in Libya since 9 August 1941, and operating as an assault unit together with its sister 394^ and 375^ Squadriglia

due FIAT G.50 "bis", uno pilotato dal M.llo Eugenio Giunta, riuscito a lanciarsi col paracadute e fatto prigioniero, mentre il Sergente Magg. Girolamo Monadi, pilota anch'egli della 378^ Squadriglia, colpito a morte, precipitò esplodendo sulle sabbie del deserto nei pressi di Bir El Gobi!

Il 2 dicembre 1941 il 155° Gruppo Aut. C.T. andava a schierarsi sul campo di Martuba, affiancandosi al 20° Gruppo Aut. C.T. e proprio in quel giorno il Com/te Luigi Bianchi riceveva un'alta decorazione da parte del Comando germanico: la Croce di Ferro di 1^ Classe, riconoscimento di gran prestigio, di cui furono insigniti diversi aviatori della Regia Aeronautica.

Il giorno dopo un Ordine del Comando del Settore Est stabiliva il rientro in Italia del 155° Gruppo Aut. C.T. Prime a muoversi erano la 351^ Squadriglia e la 378^, mentre la 360^ fu spostata a Bengasi, ove avrebbe dovuto svolgere un attento servizio di pattugliamento sulla zona.

Il 4 dicembre 1941 il 20° Gruppo Aut. C.T. del Com/te Mario Bonzano ebbe invece il compito di scortare diciassette "Stuka" del II/St. 2 inviati ad attaccare automezzi nemici avvistati nella zona di Fars Saleb, una località posta poco più a Sud di Bir El Gobi. Il reparto italiano mise a disposizione dodici FIAT G.50 "bis", decollati da Martuba alle ore 07.45, perdendo un velivolo della formazione, quello pilotato dal M.llo Iannucci, costretto a rientrare al campo di partenza per noie al motore. Giunti sulla zona degli obiettivi da attaccare i nostri piloti e gli equipaggi germanici avvistarono nel cielo un Hurricane IIb del Fighter Squadron 274, ai comandi del Sgt. MacDonnell, decollato pochi minuti prima dall'LG.124, per proteggere da vicino un Hurricane Mk.1 della "Tactical Reconnaissance" (Tac. R = Ricognizione Tattica). Ai due piloti britannici non fu difficile avvistare le formazioni italo-tedesche inviando via radio l'allarme alle basi della zona. Non tardò molto, infatti, che G.50 "bis" italiani e "Stuka" tedeschi non fossero accerchiati ed assaliti da una formazione di "Tomahawks" del Fighter Squadron 112 e dello Squadron SAAF 2.

Al batter in simultanea delle ali dei loro velivoli, i capi formazione italiani diradarono le loro pattuglie, col ruggito secco dei motori dei G.50, misto al suono lamentoso dei primi "Stuka" partiti all'attacco. Per parte avversaria il Flt. Lt. D.F. "Jerry" Westenra, capitano pilota dello Squadron 112, ritenne di aver abbattuto subito due FIAT G.50. Un terzo monoplano fu abbattuto dal Plt. Off. Bowker, insieme con uno Ju 87 germanico. Il Plt. Off. Duke fu certo di aver abbattuto un Macchi MC 200 ed un tuffatore della formazione germanica.

Nel combattimento s'inserirono finalmente anche i Bf 109F, uno dei quali abbattuto al primo scontro dal Sgt. Christie, insieme con un secondo probabile. Anche il Plt. Off. Humphereys ritenne di aver colpito e danneggiato un Bf 109F.

The truth was that the 155° Gruppo Autonomo C.T. lost two FIAT G.50 "bis", one piloted by Maresciallo Eugenio Giunta, who managed to bail out and was taken prisoner, while Sergente Maggiore Girolamo Monadi, also a pilot of the 378^ Squadriglia, was fatally hit, crashing and exploding in the desert sands near Bir El Gobi!

On 2 December 1941 the 155° Gruppo Aut. C.T. was relocated to the airstrip at Martuba, joining the 20° Gruppo Aut. C.T. During the same day, the commander, Luigi Bianchi, was awarded one of the highest decorations of the Third Reich by the German command: the Iron Cross [First Class]: this distinguished and prestigious award was presented to several aviators of the Regia Aeronautica, all of them pilots! On the following day, an "Ordine" from the Comando Settore Est instructed the 155° Gruppo Aut. C.T. to return home to Italy. The first to move were the 351^ and 378^ Squadriglie, while the 360^ was moved to Benghasi, where it was tasked to provide continuous airborne patrols over the area.

On 4 December 1941 the 20° Gruppo Aut. C.T. under Mario Bonzano was instead given the role of protecting seventeen "Stuka" from II/St.2 which had been ordered to attack enemy motorised units spotted in the Fars Saleb area, just to the south of Bir El Gobi. The Italian unit prepared twelve FIAT G.50 "bis", which took off from Martuba at 07.45, quickly losing one of its numbers, as the aircraft of Maresciallo Iannucci was forced to divert back to base with an engine problem. Once of the target area, the Italian pilots and German crews spotted a Hurricane IIb of 274(Fighter) Squadron 274, with Sergeant MacDonald at the controls, which a few minutes earlier had taken off from LG.124 to give close protection to a Tactical Reconnaissance Hurricane Mk.1. It was not difficult for the two British pilots to spot the Italian/German formation, and to radio the alarm to their base. It did not take long for

Aeroporto di Torino Caselle. Personale del 151° Gruppo C.T. (53° Stormo Caccia) prepara i propri FIAT G.50 "bis" in procinto di spostarsi ad Araxos, in Grecia. Il Serg. Magg. Pilota Francesco Bozzi sfrutta il vano bagagliaio del suo monoplano per inserire effetti personali di prima necessità (Foto F. Bozzi)

Torino Caselle airfield. Personnel of the 151° Gruppo C.T. (53° Stormo Caccia) prepare their FIAT G.50"bis" for deployment to Araxos in Greece. Sergente Maggiore Pilota (Flight Sergeant) Francesco Bozzi packs his basic personnel effects into the baggage hold of his aircraft

I piloti dello Squadron SAAF 2 sostennero di aver abbattuto inizialmente un nostro FIAT G.50, accreditato al Flt. Lt. Robbertse, sicuro di aver danneggiato anche uno "Stuka". Il Lt. E.C. Saville uno Ju 87 sicuramente abbattuto ed uno probabile. Il Lieutenant Lacey per parte sua fu sicuro di avere abbattuto due Ju 87 e di averne danneggiati altri tre. Un altro "Stuka" era accreditato al Lieutenant Lipawsky, mentre il Flt. Lt. Bary, del Fighter Squadron 250, reparto inseritosi nello scontro subito dopo l'inizio dello stesso, fu certo di aver danneggiato uno dei Bf 109F.

Il meno fortunato dei "sedicenti" distruttori di mezza Regia Aeronautica e Luftwaffe fu il Lieutenant Dodson del 2 SAAF, entrato veramente in collisione con uno dei nostri FIAT G.50 "bis" pilotato dal Ten. Giuseppe Vitali della 352^ Squadriglia. Questi si trovò ad esser sbalzato dall'aereo entrato in una violenta autorotazione, con un pezzo dell'ala sinistra divelto nello scontro. Il fortunoso evento fece sì che il nostro pilota si salvasse col paracadute, pur giungendo a terra svenuto, ma soccorso, medicato e fatto prigioniero. Meno fortunato il Tenente Dodson, che rimanendo incastrato nell'abitacolo durante lo scontro, precipitò e il suo aereo esplose sulle dune circostanti!

Dalle già citate "Relazioni Giornaliere" del 20° Gruppo Autonomo C.T. il corso della battaglia è descritto sotto diverse impressioni. Secondo i rapporti degli uomini di Bonzano il primo contatto avvenne a Sud di El Adem, fra un "Flight" di caccia avversari e la scorta avanzata tedesca, uno scontro di breve durata. I "Tomahawks", infatti, pur essendo sul punto di sopraffare i Bf 109F del II/JG 27, i cui piloti avevano iniziato a battersi con la loro solita, collaudata tattica, si erano accorti della grossa formazione nemica che sopraggiungeva da Ovest, perciò tentarono di virare al largo, aspettando l'attimo migliore per attaccare da posizioni più favorevoli. Da qui il feroce combattimento già descritto, che i cacciatori del II/JG 27 non poterono evitare del tutto, con i risultati per nulla veritieri riportati da parte avversa. Differenti, ovviamente, le impressioni e le dichiarazioni degli italiani. Infatti, dai "Diari Storici" si apprende che il primo "Tomahawk" fu abbattuto dal Cap. Luigi Borgogno, dopo essersi disimpegnato da una critica situazione di autentico accerchiamento nel cielo. Altri due P-40 sarebbero stati assegnati al M.llo Bonelli e al Serg. Magg. Pecchiari, mentre il Ten. Oberwerger, l'asso olimpionico dei tempi, si lamentò di un piccolo inconveniente accadutogli durante lo scontro. Egli raccontò al rientro alla base, come stesse per aver ragione del suo diretto avversario, un "Tomahawk", quando si accorse di avere sulla sua sinistra una "macchia scura", identificata per un aereo in veloce affondata, accorgendosi che si trattava un Bf 109F germanico, così da evitare la sicura collisione, virando repentinamente sul fianco opposto. Nel frattempo il "suo" P-40 se l'era filata!

Per il 20° Gruppo Aut. C.T. era stato perduto solo il FIAT G.50 "bis" del Ten. Pil. Giuseppe Vitali, catturato dagli inglesi.

the Italian G.50 "bis" and German "Stuka" to be surrounded and attacked by a formation of Tomahawk from 112(Fighter) and 2 Squadron SAAF.

With simultaneous rocking of their wings, the Italian flight leaders divided up their patrols, and with a dry roar from their G.50's engines, mixed with the moan of the first "Stukas", launched their counterattack. On the enemy's side, Flt. Lt. D.F. "Jerry" Westenra, a Squadron 112 pilot, claimed to have quickly shot down two FIAT G.50. A third monoplane was destroyed by Plt. Off. Bowker, together with a German Ju 87. Plt.Off. Duke was also certain that he had shot down a Macchi MC 200 and a dive bomber from the Luftwaffe element.

The Bf 109F finally joined the engagement, one of which being shot down in their first pass by Sgt. Christie, who claimed in addition a second as "probable". Plt. Off. Humphereys also claimed to have hit and damaged a Bf 109F.

The pilots of 2 Squadron (SAAF) reported that they had initially destroyed an Italian FIAT G.50, accredited to Flt. Lt. Robbertse, who was also certain that he had also damaged a "Stuka". Lt. E.C.Saville claimed one Ju 87 confirmed destroyed, and another probable. On his part, Lieutenant Lacey was sure that he had destroyed two Ju 87, and to have damaged another three. Another "Stuka" was accredited to Lieutenant Lipawsky, while Flt.Lt.Bary of 250 (Fighter) Squadron, a unit that had joined the battle shortly after it had begun, was certain that he had damaged one of the Bf 109F.

The less fortunate of the destroyers of "sixteen" Regia Aeronautica and Luftwaffe aircraft....would be Lieutenant Dodson of 2 Squadron (SAAF), who entered into collision with one of the Italian FIAT G.50 "bis" piloted by Tenente Giuseppe Vitali of the 352^ Squadriglia, who found himself thrown from his aircraft which had entered a violent spin, having lost a portion of the port wing in the collision. This lucky 'ejection' meant that Vitali could put his parachute to best effect, although he was slightly injured on touchdown: after medical attention, his destination was a P.O.W. camp. Less fortunate was Lieutenant Dodson, who remained trapped in his cockpit after the collision, and went with his aircraft to his death when it crashed and exploded in the surrounding sand dunes.

From the already mentioned "Relazioni Giornaliere" of the 20° Gruppo Autonomo C.T. the course of the battle is described through different and varying impressions. According to the reports of Bonzano's men, the first contact occurred to the south of El Adem between a flight of enemy fighters and the Luftwaffe advanced escort, an encounter of brief duration. The Tomahawks, in fact, despite being on the point of overcoming the Bf 109F of II/JG 27, whose pilots had begun to fight using their normal tested tactics, became aware that a large hostile formation was approaching from the west, and therefore attempted to turn away to gain a position from which a more favourable attack could be made. From this point the combat ran as described, with the figh-

Il Serg. Magg. Pilota Francesco Bozzi a bordo del suo FIAT G.50 "bis", pronto al decollo per la base greca di Araxos (Foto F. Bozzi)

Sergente Maggiore Pilota (Flight Sergeant) Francesco Bozzi on board his FIAT G.50 "bis", ready to depart for the Greek airfield at Araxos

Per parte nemica, oltre alla perdita accertata del Lt. Dodson, l'aereo del collega Lipawsky era stato ripetutamente colpito, quindi costretto a compiere un atterraggio forzato senza carrello. Danneggiato anche il "Tomahawk II" del Sgt. Ferguson (112 Squadron), che riuscì a rientrare regolarmente alla base di El Adem. L'Hauptmann (Capitano) Leonhard Bussalt, Kommandeur del II/St. G2, fu ferito nel corso del combattimento.

Fu questo l'ultimo scontro sostenuto sul suolo africano dai FIAT G.50 "bis" dagli uomini del 20° Gruppo Autonomo C.T., reparto destinato a rientrare in Italia, mentre il 155° Gruppo del Com/te Bianchi stava effettuando già le operazioni d'imbarco, iniziate il 6 dicembre 1941. Il 20° Gruppo Aut. C.T. lasciava Martuba fra il 13 e il 14 dicembre, per portarsi dapprima a Derna, poi ad Agedabia e da qui il personale delle unità fu fatto rientrare in Patria a bordo di S.82, mentre i piloti effettuarono il rientro a bordo dei loro "Freccia", lungo le rotte di sempre: Tripoli Castel Benito, Pantelleria, Reggio Calabria, Napoli Capodichino, Roma Ciampino! L' avventura africana per i due reparti dotati di FIAT G.50 "bis" era per fortuna finita!

ter pilots of II/JG 27 having little involvement, undermining the claims of the opposing forces. Very different, obviously, were the claims and declarations of the Italians. In fact, from the "Diari Storici", we learn that the first Tomahawks was shot down by Capitano Luigi Borgogno after he had managed to extricate himself from an authentic situation of encirclement in the sky. Another two P-40 kills would be assigned to Maresciallo Bonelli and Sergente Mag-giore Pecchiari, while Lt. Oberwerger, the current Olympic champion, was bitter about a small inconvenience that had arisen during the clash. On his return to base, he recounted how he had just obtained an advantage over his direct opponent, a Tomahawk, when he noticed to his left a "dark shadow", identified as an aircraft in a fast dive, and which he identified as a German Bf 109F: in order to avoid collision, he had to make a sudden turn in the opposite direction. In the meantime, "his" P-40 had gone home!

For the 20° Gruppo Aut. C.T., the only loss was the FIAT G.50 "bis" of Tenente Pilota Giuseppe Vitali, who was subsequently captured by the British.

On the part of the enemy, besides the confirmed loss of Lt. Dodson, the aircraft of his colleague Lipawsky was repeatedly hit, and forced to make an emergency wheels-up landing. Also damaged was the Tomahawk II of Sgt.Ferguson (112 Squadron), although he managed to make a normal return to the base at El Adem. Hauptmann Leonard Bussalt, the commander of II/St.G2, was injured during the engagement.

This was to be the final encounter sustained in the African theatre by the FIAT G.50 "bis" flown by the men of the 20° Gruppo Autonomo C.T., as the unit was already destined to return to Italy, while Bianchi's 155° Gruppo had already commenced evacuation operations, initiated on 6 December 1941. The 20° Gruppo Aut. C.T. left Martuba between 13 and 14 December, relocating initially to Derna, and then on to Agedabia, from where the unit's support personnel were collected for their return to Italy in some S.82. The pilots returned home in their well tried and long suffering "Freccia", using the traditional route: Tripoli Castel Benito, Pantelleria, Reggio Calabria, Napoli Capodichino, and Roma Ciampino! The unfortunate and unhappy African adventure for the two units equipped with the FIAT G.50 "bis" was, fortunately, at an end!

Finalmente sulla nuova sede di Araxos, dove il 151° Gruppo C.T. svolse ininterrotti missioni di scorta convogli. Il Serg. Magg. Pil. Francesco Bozzi ripreso accanto ad un FIAT G.50 "bis" della 367^ Squadriglia (Foto F. Bozzi)

Once at their new base at Araxos, the 151° Gruppo C.T. performed uninterrupted convoy escort missions. Flight Sergeant Francesco Bozzi near a FIAT G.50 "bis" of 367^ Squadrglia

ANCORA FIAT G.50 NEI CIELI DI GUERRA!

Non meno sofferta e priva di risultati concreti la presenza dei FIAT G.50 "bis" in seno al 154° Gruppo Autonomo C. T., che dopo la fine delle ostilità contro la Grecia fu schierato nel maggio 1941 in Italia, con la 395^ Squadriglia sull'aeroporto di Brindisi e con la 361^ su quello di Lecce, dove alla fine dello stesso mese fu disciolto. Una "sospensione" di breve durata, però, poiché alla data del 19 luglio dello stesso anno fu ricostituito sull'aeroporto di Grottaglie. Il reparto era ancora dotato di FIAT G.50, questa volta della versione "bis", utilizzati per l'impiego diurno, mentre i FIAT CR 42 avrebbero dovuto garantire la caccia notturna. Il reparto fu contemporaneamente dotato di Macchi MC.200. Nel successivo mese d'ottobre del 1941 il 154° Gruppo Autonomo C.T. fu rinforzato sull'aeroporto d'Isola Capo Rizzuto, Crotone, da una terza unità, la 396^ Squadriglia. Dopo un'intensa attività fra Puglia e Calabria, dove i G.50 "bis" del reparto effettuarono numerose scorte convogli, nel maggio 1942 il 154° Gruppo Autonomo C.T. fu trasferito a Rodi, in Egeo, per concorrere alla difesa di quel settore ritenuto importante. Nonostante l'assegnazione dei primi Macchi MC.202 al reparto, avvenuta nel febbraio del 1943, i FIAT G.50 "bis", in compagnia di pochi CR 42, continuarono ad operare in seno alle Squadriglie dipendenti.

In Egeo, dislocati tra gli aeroporti di Rodi e Maritza, con sezioni a Stampalia e Coo, erano presenti anche i G.50 "bis" del 161° Gruppo Autonomo C.T. (162^, 163^, 164^ Squadriglia), un reparto dotato anche di CR 32 e 42, questi ultimi due tipi di biplani utilizzati essenzialmente per la caccia notturna.

Aeroporto di Araxos. Schieramento di FIAT G.50 "bis della 368^ Squadriglia/151° Gruppo Aut. C.T. con il tipico schema "a ramarro" (Foto F. Bozzi)

Line up of FIAT G.50 "bis" of 368^ Squadriglia/151° Gruppo Aut. C.T. at Araxos airfield, with typical lizard colourscheme

FIAT G.50 in combat operations once again!

No less unsatisfactory and lacking in concrete results was the presence of FIAT G.50 "bis" with the 154° Gruppo Autonomo C.T., which after the end of hostilities in Greece had, in May 1941, returned to Italy, the 395^ Squadriglia being based at Brindisi airfield and the 361^ at Lecce, where it was disbanded at the end of the month. This "suspension" was short term, as on 19 July of the same year it was reactivated at Grottaglie airfield, near Taranto. The unit was still equipped with FIAT G.50, on this occasion of the "bis" variant, and assigned to daylight operations, while its FIAT CR 42 were to act as night fighters. The unit was also issued with the Macchi MC.200. In October 1941 the 154° was reinforced by a third unit, the 396^ Squadriglia, which was housed at the Isola Capo Rizzuto airstrip, near Crotone. Following intense activity off Puglia and Calabria, where the G.50 "bis" of the unit escorted numerous convoys, in May 1942 the 154° Gruppo Autonomo C.T. was transferred to Rhodes, in the Aegean, to bolster the air defences of the important sector. Despite the delivery of the first Macchi MC.202 to the unit in February 1943, the FIAT G.50 "bis", in company with the few CR 42, continued to operate with the dependent Squadriglie.

Also in the Aegean, dispersed between the airfields at Rhodes and Maritza, with "sezioni" at Stampalia and Coo, were the G.50 "bis" of the 161° Gruppo Autonomo C.T. (162^, 163^, 164^ Squadriglia), a unit also equipped with CR 32 and 42, the latter two types of biplane utilised essentially for night fighting.

Another unit of the Regia Aeronautica equipped with the FIAT G.50

FIAT G.50 "bis", della 367^ Squadriglia, con accanto il Serg.Magg.Francesco Bozzi da Senigallia, ripresi alla fine del 1942 sull'aeroporto di Torino Caselle, dopo il ciclo operativo in Grecia e in Sicilia. Splendida la colorazione a ramarro sull'esemplare della 367^ Squadriglia (Foto F. Bozzi)

FIAT G.50 "bis", of the 367^ Squadriglia, with Sergente Maggiore Francesco Bozzi from Senigallia alongside. The photo was taken in 1942 at Torino Caselle airfield following operational tours in Greece and Sicily. Splendid the lizad colourscheme for the example of 367^ Squadriglia

FIAT G.50 "bis" della 368^ Squadriglia (151° Gruppo/53°Stormo C.T.) a Torino Caselle. Innanzi al primo velivolo tre piloti del reparto, i Serg. Magg. Francesco Bozzi, Ottorino Ambrosi, Mario Turchi. Notare ancora una volta l'originale tenuta mimetica a ramarro per gli aerei del reparto (Foto F. Bozzi)

FIAT G.50 "bis" of the 368^ Squadriglia (151° Gruppo/53° Stormo C.T.) at Torino Caselle. Alongside the first aircraft are three pilots of the unit, Sergenti Maggiore Francesco Bozzi, Ottorino Ambrosi, and Mario Turchi. Note, once more, the unique lizard colourscheme for the aircrafts of the unit

Altro reparto della Regia Aeronautica dotato di FIAT G.50 "bis" fu il 24° Gruppo Autonomo C.T., che dopo aver concluso il suo ciclo bellico sul fronte greco-albanese, rientrò in Italia, operando dapprima sui campi della Puglia, per poi essere trasferito il 19 luglio del 1941 in Sardegna, occupando inizialmente il campo di Monserrato. Su tale base erano dislocati il Comando di Gruppo e le Squadriglie 354^ e 370^, mentre la terza unità, la 355^, fu decentrata ad Alghero. Il reparto operava con una linea mista, formata anche da CR 32, CR 42 e Macchi MC.200. L'attività bellica era disimpegnata per lo più sul mare, per la scorta ai nostri aerosiluranti o alla protezione dei convogli. Il reparto partecipò alla battaglia di Mezzo-Giugno, attaccando unità navali inglesi in navigazione nel Mediterraneo occidentale, impiegando prevalentemente i più leggeri FIAT CR 42, con l'utilizzo di bombe da 50 e 100 chilogrammi, agganciate ai travetti sub-alari. Durante la prima azione, i piloti ritennero di aver colpito con due bombe una delle portaerei britanniche e di aver abbattuto un idrovolante, sorpreso nei paraggi del convoglio nemico. Successivamente, nel corso di una scorta diretta e indiretta a formazioni di S.79 aerosiluranti del 36° Stormo A.S., nel furibondo combattimento sul mare la caccia imbarcata inglese ci abbatteva due CR 42, pilotati dal Cap. Alberto Brondi, Comandante la 355^ Squadriglia ed il S. Ten. Bruno Castro, della stessa unità, ai quali fu conferita la Medaglia d'Oro al V.M. "alla memoria". Altri due biplani dello stesso reparto furono costretti a compiere difficoltosi atterraggi sul campo tunisino di Sidi Amed, dove i piloti, S.Ten.Silvano Dessanti e Massimo Suppo, furono catturati e internati dalle autorità francesi. Il provatissimo 24° Gruppo Aut. C.T. perse nella stessa giornata un altro FIAT CR 42 (M.M.7594) ed il suo pilota, Serg. Magg. Aldo Mazzoleni, precipitato in mare.

Il 151° Gruppo Autonomo C.T., già del 53° Stormo Caccia, ebbe in

FIAT G.50 "bis" del 151° Gruppo C.T. con la nuova numerazione fatta con cifre romane ripresi a Torino Caselle (Foto F. Bozzi)

A FIAT G.50 "bis" of the 151° Gruppo C.T. at Torino-Caselle, featuring the new unit numbering in Roman numerals

"bis" was the 24° Gruppo Autonomo C.T., which on concluding its operational tour in the Greek and Albanian sector returned to Italy, operating initially from airfields in Puglia, and later, on 19 July 1941, moving to Sardinia. Here its headquarters occupied the airfield at Monserrato together with its 354^ and 370^ Squadriglie, while the third Squadriglia, the 355^, was detached to Alghero. The unit operated a mixed fleet, comprising G.50 CR 32, CR 42 and Macchi MC.200. Its operational activity was mainly performed over the sea, escorting Italian torpedo attack aircraft, or protecting naval convoys. The unit took part in the so-called "Battle of Mid-June", attacking British naval forces in the western Mediterranean, predominantly using the lighter FIAT CR 42, which carried 50 or 100 kilogramme bombs on underwing racks. During the first mission, the pilots reported hitting a British aircraft carrier with two bombs, and the destruction of a flying boat, surprised while protecting the Allied convoy. Subsequently, during a direct and indirect escort of a formation of S.79 torpedo attack bombers from the 36° Stormo A.S., two CR.42 were shot down by the Royal Navy carrier fighters in a desperate battle over the sea. The victims were Capitano Alberto Brondi, commander of the 355^ Squadriglia, and Sottotenente Bruno Castro, from the same unit, who was awarded a posthumous Medaglia d'Oro al V.M. Two more biplanes from the same unit were forst to make emergency landings on the Sidi Amed airstrip in Tunisia, where the pilots, Sottotenenti Silvano Dessanti and Massimo Suppo, were captured and interned by the French authorities. The combat proven 24° Gruppo Aut. C.T. lost another FIAT CR 42 (M.M.7594) on the same day, together with its pilot, Sergente Maggiore Aldo Mazzoleni, who came down in the sea, losing his life.

The 151° Gruppo Autonomo C.T., formerly of the 53° Stormo Caccia, received some FIAT G.50 "bis" on its return to Torino Caselle, its home base, after the operational deployment on the Libyan and Egyptian fronts, and where it had operated the FIAT CR 42.

Un FIAT G.50 "bis" (M.M.6050) della 162^ Squadriglia (161° Gruppo Aut. C.T.) ripreso a Rodi (Foto A. Vigna)

A FIAT G.50 "bis" (M.M.6050) of the 162^ Squadriglia (161° Gruppo Aut. C.T.) at Rodi

carico i FIAT G.50 "bis", dopo essere rientrato a Torino Caselle, sua base naturale, dal ciclo bellico svolto su tutta la frontiera libico-egiziana, dove aveva operato con i FIAT CR 42.

In Piemonte il reparto, organizzato sempre con le Squadriglie 366^, 367^ e 368^, ebbe una dotazione di trentacinque FIAT G.50 "bis", per essere trasferito immediatamente sul campo greco di Araxos, dove permase alcuni mesi, per disimpegnare il servizio della scorta convogli, fino allo scioglimento del Comando Caccia "Morea", Unità Aerea dell'Aeronautica italiana della Grecia.

Con la perdita della Cirenaica e della Tripolitania, occupate dalle forze dell'8^ Armata britannica, i resti della 5^ Squadra Aerea della Libia, oltrepassati i confini, si schierarono sugli aeroporti della Tunisia.

La presenza dei pochi FIAT G.50 "bis", su quello che rappresentava ormai l'ultimo baluardo della difesa dell'Asse, in Africa, era rappresentata da soli dodici velivoli, presso l'aeroporto di Sfax, in carico bellico alla 368^ Squadriglia Autonoma d'Assalto. Saranno gli ultimi velivoli della specie ad operare in terra africana, dove i superstiti quattro velivoli saranno distrutti al suolo in data 30 marzo 1943.

In Sardegna operò anche il 160° Gruppo Aut. C.T., allo scopo di contrastare la quotidiana offesa dell'aviazione alleata sull'isola, schierandosi dapprima a Decimomannu, successivamente a Venafiorita, con una linea mista, nella quale prevalevano i Reggiane RE 2001. Ma nel maggio del 1943 il reparto distaccava una Sezione a Sarzana (La Spezia), con una dotazione di soli FIAT CR 42 e FIAT G.50 "bis", a protezione della più importante piazzaforte della Regia Marina del momento, dopo che le nostre grosse unità avevano abbandonato l'insicura rada di Taranto.

I FIAT G.50 "bis", dopo l'occupazione della Tunisia, da parte delle forze anglo-americane, furono presenti anche sugli aeroporti della

In Piemonte the unit, organised as ever around the 366^, 367^ e 368^ Squadriglie, received an issue of thirty five FIAT G.50 "bis", and was immediately transferred to the Greek airfield of Araxos, where it remained for a few months, engaged in the role of convoy escort until the disbandment of the Comando Caccia "Morea", the Unità Aerea of the Italian air force in Greece.

With the loss of Cirenaica and Tripolitania, occupied by forces of the British 8th Army, the remains of the 5^ Squadra Aerea from Libya, by-passed at the borders, redeployed to the airfields of Tunisia.

The presence of a few FIAT G.50 "bis", in what represented the final bulwark of the Axis forces on African soil, was represented by only twelve aircraft, housed at Sfax airfield, and on charge of the 368^ Squadriglia Autonoma d'Assalto.

They were the last aircraft of the species to operate in Africa, and where the four surviving aircraft were destroyed on the ground on 30 March 1943.

In Sardinia the 160° Gruppo Aut. C.T. was also operational, engaged in contrasting the daily Allied air attacks on the island, being based initially at Decimomannu, and later at Venafiorita. The Gruppo had a mixed fleet, mainly comprising Reggiane RE 2001, but in May of 1943 the unit detached a Sezione to Sarzana (La Spezia), equipped with FIAT CR 42 and FIAT G.50 "bis", and charged with defending the most important Regia Marina naval facility of the period, given that the large surface units had abandoned the unsafe port of Taranto.

FIAT G.50 "bis", following the occupation of Tunisia by Anglo-American forces, were also present on the airfields in Sicily, in the extreme south of Italy, and with a few examples operating in Sardinina. On the mainland, the aircraft was flying from the airfields at Crotone and Reggio Calabria.

On the date of 1 January 1943 the 50° Stormo was reconstituted,

FIAT G.50 "bis" assaltatore ripreso sull'aeroporto di Pistoia, dove le officine S.Giorgio ebbero l'incarico di adattare alcune decine di monoplani al nuovo impiego, con l'installazione di ganci sub/alari capaci di sostenere ordigni da 50 chili, attraverso una predisposizione già esistente sui velivoli. Molti di questi FIAT G.50, denominati "A" (Assalto), furono assegnati al 50° Stormo Assalto (Foto A. Vigna)

A FIAT G.50 "bis" 'assaltatore' photographed at Pistoia airfield, where the workshops of the S. Giorgio concern were engaged in adapting the type to perform the role. The conversion involved the installation of underwing points capable of accepting 50kg bombs, the wiring being already present in the airframe. Many of these FIAT G.50, designated "A" (assalto), were assigned to 50° Stormo Assalto

Aeroporto di Rodi: primavera del 1942. Pronti al volo! Pilota della 395^ Squadriglia (154° Gruppo Autonomo C.T.) in procinto di salire a bordo di un FIAT G.50 "bis" per compiere una ricognizione armata sul Mare Egeo (Foto L.Matelli)

Rhodes airfield, Spring 1942, ready for take off! A pilot of the 395^ Squadriglia (154° Gruppo Autonomo C.T.) climbs aboard his aircraft for an armed reconnaissance over the Aegean

Scuola Volo di Rimini Miramare. L'Allievo Serg.Pilota Aldo Orsucci, futuro cacciatore del 23° Gruppo C.T., ripreso accanto ad un FIAT G.50 della base romagnola (Foto A. Orsucci)

The Rimini Miramare flying school. Sergente Cadet Aldo Orsucci, future pilot of the 23° Gruppo, is seen longside a FIAT G.50 on the Romagna base

FIAT G.-50 "bis" – M.M.5473 – V Serie costruttiva, di produzione CMASA, appartenente al 5° Stormo Assalto, ripreso a Lonate Pozzolo, prima che il reparto fosse equipaggiato di Reggiane RE 2002 (Foto B. Melotti)

FIAT G.50 "bis" – M.M.5473 – of the CMSA-built Vth production series serving with the 5°Sormo Assalto seen at Lonate Pozzolo just prior to the unit receiving the Reggiane RE 2002

Sicilia, continuando ad esserlo ancora in Sardegna (pochi esemplari) e sull'estremo Sud italiano, presso gli aeroporti di Crotone e Reggio Calabria.

Alla data del 1° gennaio 1943 veniva ricostituito il 50° Stormo, organizzato con i Gruppi 158° e 159°, nei quali figuravano nell'ordine le seguenti Squadriglie: 236^, 237^, 238^, 389^, 390^, 391^.

Al 50° Stormo furono assegnati i compiti della Caccia d'Assalto ma la dotazione dei G.50 "bis", avvenuta nella primavera dello stesso anno, non fu proprio quella degli *assaltatori*. Questa versione messa allo studio dalla CMASA di Pisa nell'autunno del 1942, si orientava sul potenziamento dell'unità motrice (un "promettente" A.76 da 1000 CV) e sull'armamento di bordo, "ipotizzando" la presenza di altre due mitragliatrici da 12,7 mm, in alloggiamento alare, con tiro libero, così da aumentare la dotazione del munizionamento, portato dai normali 600 colpi per arma ad un totale di 2400, in sostanza un raddoppio sulla capacità di fuoco. Veniva prevista anche la possibilità di dotare il velivolo di ganci sub-alari, per la sospensione di bombe fino ad un peso massimo di 250 kg.

Gli studi prevedevano un necessario allungamento dell'ala, per aumentare la superficie portante, ma quanto sollecitato dalla Direzione Generale Costruzioni Aeronautiche, non potè essere risolto nei tempi indicati e previsti, dato che gli eventi incalzanti della guerra portarono il povero 50° Stormo Assalto a ricevere FIAT G.50 "bis" siglati sì "b.a." (Assalto), ma altro non ebbero che la sola variante dei ganci sub-alari, fermo restando l'armamento standard e ancor peggio la modesta potenza motrice, che non consentiva all'aereo di superare i 430 km/h.

Addestratosi intensamente fino alla primavera del 1943, incrementando gli organici dei reparti di volo, il 50° Stormo Assalto, forte di sessanta velivoli, potè ritenersi pronto ad entrare in combattimento. Fu spostato per primo il 159° Gruppo sull'aeroporto di Pistoia, dove la Regia Aeronautica intendeva raggruppare nuclei di reparti di varie specialità, pronte a garantire la copertura delle coste dell'Italia centrale, con possibilità di rapidi spostamenti nell'estremo Sud o nelle isole. Infatti, alla data del 10 giugno 1943, un mese prima del fatidico sbarco delle forze degli Alleati in Sicilia, il 50° Stormo fu inviato presso l'aeroporto di Reggio Calabria, pronto ad entrare in azione. Un'attività che vide uomini e macchine del reparto assaltatore contrastare per primi le azioni da sbarco degli Alleati a Pantelleria, attaccando mezzi navali nemici. Da Reggio Calabria il reparto si portò a Gela e subito dopo a Castelvetrano, per accorciare i percorsi di volo. Furono giorni d'intensa attività, pochi ma sofferti, con l'assalto dei rombanti e massicci "musoni" contro naviglio anglo-americano, attaccato con bombe torpedine da 50 e 100 chili. Tre giorni dopo il 159° Gruppo Assalto lasciava Gela e dopo una brevissima sosta a Reggio Calabria rientrava a Pistoia. Qualche settimana ancora, vissu-

organised around the 158° and 159° Gruppi, under which the following Squadriglie were arrayed: 236^, 237^, 238^, 389^, 390^, 391^.

The 50° Stormo was assigned the role of Caccia d'Assalto (assault fighter), but the assignment of G.50 "bis", which occurred during the spring of the same year, did not comprise the assault version which had been developed by CMASA at Pisa in the autumn of 1942. This was centred around the improvement of the engine type (a "promising" A.76 offering 1000 hp) and reinforcement of the gun armament, "proposing" the introduction of another two 12.7 mm unsynchronised machine guns housed in the wings coupled with the increase in shell capacity, bringing the normal 600 rounds per gun up to a total of 2400, doubling the firing capability. It was also proposed to fit under-wing attachments, capable of accepting bombs up to a maximum weight of 250 kg.

The studies revealed the requirement to lengthen the wing to increase the lift area.... but when the Direzione Generale Costruzioni Aeronautiche was consulted, it was unable to review the design within the specified timeframe. Thus the worsening events of the war forced the poor 50° Stormo Assalto to receive FIAT G.50 "bis" designated "b.a." (Assalto), characterised only by the introduction of under wing points, and retaining the standard gun armament and even worse, the original engine, which restricted the aircraft to speeds no greater than 430 km/h.

Under continuous and intensive training until the Spring of 1943, and with its flying units gaining in consistency and strength, 50° Stormo Assalto, now boasting a fleet of sixty aircraft, was judged ready for combat operations, moving initially the 159° Gruppo to the airfield at Pistoia. Here the Regia Aeronautica intended to concentrate detachments from units of various specialities, able to guarantee coverage if the coastline of central Italy, and with the ability to de deployed to the extreme south, or to the islands. In fact, on 10 June 1943, one month prior to the fatal landing of the Allies in Sicily, the 50° Stormo was sent to the Reggio Calabria airfield in Calabria, ready to enter into action. This would see men and machines of the assault unit initially countering the Allied landing on Pantelleria, attacking enemy naval targets. From Reggio Calabria the unit moved to Gela, and shortly after to Castelvetrano, reducing the transit time to the target. These days were packed with intense activity, with the noisy and heavy "musoni" attacking Anglo-American shipping with 50 and 100 kilogram bombs. Three days later the 159° Gruppo Assalto left Gela, and after a brief stop at Reggio Calabria returned to Pistoia. Some weeks later, and after more intense training, the 390^ Squadriglia was heading back south again, deployed to the airfield on Isola Capo Rizzuto, near Crotone, ready to fly attacks on the Allied bridgehead, established in the bay of Augusta. These were dramatic days, above all the first three, during which the unit flew numerous offensive missions, and suffering the loss of some

Un FIAT G.50 "bis" con tenuta mimetica scura coperto da un'insolita cappotta mimetizzata e non con una regolamentare grigio-chiara. Sullo sfondo un S.82 (Foto A.M.)

A FIAT G.50 "bis" in a dark colourscheme covered by a unusual camouflage tarpaulin, most unlike the standard issue clear grey variant. In blackground a S.82

ta tra gli addestramenti di sempre ed ecco la 390^ Squadriglia riportarsi al Sud, decentrandosi sull'aeroporto di Isola Capo Rizzuto, Crotone, pronta ad effettuare attacchi sulla testa di ponte dello sbarco Alleato nella rada di Augusta. Giorni drammatici, soprattutto i primi tre, durante i quali l'unità effettuò numerose azioni offensive, subendo la perdita di ben sette velivoli. I rimanenti ventotto furono distrutti al suolo il 13 luglio 1943, durante un pesante attacco di bombers dell'USAAF sul campo crotonese, che falcidiarono anche numerosi Reggiane RE 2002 del 5° Stormo Assalto, costretto a ritirarsi in Puglia (aeroporto di Manduria).

Assai più dolorosa e per un verso molto più commovente la sorte del M.llo Pilota Silvio Ferrigolo, appartenente alla 391^ Squadriglia del 159° Gruppo (50° Stormo Assalto), non rientrato alla base e ritenuto "disperso", dopo un feroce combattimento sostenuto con una formazione di Spitfires Vc e IX del Fighter Squadron 72, decollata alle prime ore del mattino del 12 luglio 1943 dall'aeroporto di Hal Far, alla guida dello stesso comandante, Sq/Ldr Daniel. Quasi alla stessa ora (07.10), erano decollati dall'aeroporto di Catania Fontanarossa nove FIAT G.50 "bis"/A del 159° Gruppo Assalto, alla guida del Cap. Pilota Mario Bonino, diretti sulla zona del siracusano, allo scopo di effettuare un attacco in picchiata sulle colonne motorizzate nemiche. Nella stessa zona giungevano altri velivoli dell'Asse, Bf 109G del 4/JG 3, Macchi MC.202 del 21° Gruppo Autonomo C.T. e Macchi MC.205 del 4° Stormo C.T., un totale di circa trenta velivoli italo-tedeschi, contro i quali si scagliavano i dodici Spitfires Vc/IX del Fighter Squadron 72, sgominando letteralmente la pur consistente forza italo-tedesca.

seven aircraft. The remaining twenty eight were destroyed on the ground on 13 July 1943, during a heavy attack by USAAF bombers on the Crotone airfield, a raid which also decimated numerous Reggiane RE 2002 of the 5° Stormo Assalto, which was forced to withdraw to Manduria airfield in Puglia.

Even more sad, and perhaps more moving, was the fate of Maresciallo Pilota Silvio Ferrigolo, assigned to the 391^ Squadriglia of the 159° Gruppo (50° Stormo Assalto), who failed to return to base and was posted as missing following a ferocious engagement with a formation of Spitfire Vc and IX from 72 (Fighter) Squadron, which had departed Hal Far airfield in the early morning of 12 July 1943, with the unit commander, Sq/Ldr Daniel, leading the formation. Almost at the same time (07.10), nine FIAT G.50"bis"/A had left Catania Fontanarossa airfield, all from the 159° Gruppo Assalto, and led by Capitano Pilota Mario Bonino. The Italians headed for the Siracusa area with the aim of dive-bombing some motorised enemy columns. Other Axis aircraft headed for the same area, Bf 109G from 4/JG 3, Macchi MC.202 of the 21° Gruppo Autonomo C.T. and Macchi MC.205 of the 4° Stormo C.T., a total of around thirty Italian and German aircraft, ranged against which were the twelve 72 Squadron Spitfires.... which managed to rout completely the overwhelming Axis fighter force.

After this terrifying encounter, the British pilots claimed to have shot down fifteen enemy aircraft, without suffering any losses, although Capitano Pilota Francis Leoncini of the 21° Gruppo Autonomo C.T. and Sergente Maggiore Pilota Carlo D'Alamo, from the 50° Stormo Assalto, were credited with a Spitfire each, while the German fighter pilots believed that they had downed another four. Ignoring the actual

Maggio 1943: FIAT G.50 "bis" del 46° Gruppo (15° Stormo Assalto) ripresi sull'aeroporto cagliaritano di Capoterra (Foto A. Vigna)

May 1943: FIAT G.50 "bis" of the 46° Gruppo (15° Stormo Assalto) photographed in May 1943 in Sardinia, while deployed in the airfield of Capoterra (Cagliari)

Il FIAT G.50 "bis" "395-1", probabilmente ai comandi del Magg. Pil. Delio Guizzon, Comandante dell'unità, ripreso dal Ten. Pil. Luigi Matelli, in volo in coppia, durante una missione ricognitiva lungo l'ampio specchio di mare, sui costoni e in prossimità dell'isola di Rodi (Foto L. Matelli)

FIAT G.50 "bis" 395-1, probably flown by Maggiore Pilota Delio Guizzon, the unit commander, photographed by Tenente Luigi Matelli, his wingman, during a reconnaissance mission over the sea off Rhodes

Coppia di FIAT G.50 della Scuola Volo di Rimini Miramare in volo sui rilievi della Carpegna (Foto A.M.)

A pair of FIAT G.50 from the flying school at Rimini-Miramare flying over the Carpegna countryside

Consistente linea di FIAT G.50/B di una Scuola di volo della Regia Aeronautica (Foto A. Vigna)

Busy flight line of FIAT G.50/B on a Regia Aeronautica's flying school

In questo terrificante scontro i piloti inglesi ritennero di aver abbattuto quindici velivoli avversari, senza subire alcuna perdita, malgrado il Cap. Pil. Francis Leoncini del 21° Gruppo Autonomo C.T. e il Serg. Magg. Pil. Carlo D'Alamo, questi proprio del 50° Stormo Assalto, si accreditassero uno Spitfire a testa, mentre per parte loro i cacciatori tedeschi ritennero di averne abbattuto altri quattro! Prescindendo da quanto fosse accaduto realmente ai Bf 109G tedeschi e ai Macchi italiani, il 50° Stormo Assalto perse di sicuro quattro Fiat G.50 "bis"/A. Subì la morte di un giovane sottufficiale, il M.llo. Vittorio Giordano e la cattura del Serg. Gianfranco Bussola, riuscito a lanciarsi in extremis, mentre di un altro pilota, del quale ignoriamo l'identità, lanciatosi col paracadute, non si hanno notizie certe.

Incerta anche, almeno allora, la sorte del già citato M.llo Pilota Silvio Ferrigolo, che fu visto allontanarsi dal cielo dello scontro in assetto scomposto. Colpito gravemente alla schiena, il povero sottufficiale tentò di rientrare alla base di partenza, l'aeroporto di Catania, ma conscio di non farcela, in un disperato tentativo di atterrare fuori campo, finì in una salina, nei pressi di Magnisi. E qui fu ritrovato, intatto, nel maggio del 1950, sette anni dopo quel triste episodio, inchiodato al posto di pilotaggio del suo G.50 "bis"/A codificato "391-10", M.M.6061. Il sale aveva "conservato" il corpo dello sventurato pilota italiano, sul quale furono trovati brandelli della tuta da volo e il tesserino personale di riconoscimento rilasciato dai Comandi della Regia Aeronautica, ancora leggibile nei numeri di serie....*5660*, rilasciato il 20 maggio 1938, insieme ad altri oggetti personali, come l'orologio da polso, delle monete e un anello d'oro.

L'Allievo Sergente Pilota Aldo Orsucci ripreso sul terminale di fusoliera di un velivolo della Scuola Volo di Rimini Miramare (Foto A.Orsucci)

Sergeant Cadet Aldo Orsucci seen by the rear fuselage of an aircraft of the flying school at Rimini-Miramare

results achieved by the Luftwaffe Bf 109G and the Italian Macchis, the 50° Stormo Assalto definitely lost four Fiat G.50 "bis"/A, with the death of a young NCO, Maresciallo Pilota Vittorio Giordano and the capture of Sergente Gianfranco Bussola, who managed to bail out at the last moment. Another of the Italian unit's pilots escaped by parachute, but his name or fate have not been traced.

Also unknown, at least at the time, was the fate of Maresciallo Pilota Silvio Ferrigolo, who had been spotted leaving the combat area in an unusual attitude. Wounded in the back, the poor NCO, although badly injured, attempted to return to his point of departure, Catania, but realising that he was not going to succeed attempted a forced landing on a salt flat near Magnisi.... where, in May 1950, seven years after the unhappy episode, his body was discovered intact, still in the cockpit of his G.50 "bis"/A, M.M.6061 coded "391-10". The salt had conserved the corpse of the unfortunate Italian pilot, on which were found some rags from his flying suit and his personal identity tag issued by the Regia Aeronautica, with the last numbers of the tag still legible....5660, issued on 20 May 1938, together with some other personal objects, such as a wristwatch, some coins, and a gold ring.

With the loss of Sicily, occupied in little more than a month by the Allied

Un interessante FIAT G.50 (esemplare con M.M.5452) della Scuola Volo di Rimini Miramare (Foto I. Rossini)

An interesting FIAT G.50 (M.M.5452) of the flying school at Rimini-Miramare

Con la perdita della Sicilia, occupata in poco più di un mese dalle forze Alleate, più esattamente in 38 giorni di feroci combattimenti il cui peso maggiore fu sostenuto dalle formazioni germaniche, la storia dei FIAT G.50 di tutte le versioni e di tutte le serie aveva in sostanza fine, giacché i pochi esemplari riusciti a sopravvivere all'uragano della guerra non poterono inserirsi attivamente nel contesto dell'Aviazione del Sud e tanto meno in quella del Nord, se non in veste di transitoria ripresa voli, soprattutto nei pochi velivoli biposto, racimolati nelle varie Scuole da Caccia sull'intera penisola.

Fu una fine, resa ancora più drammatica dalla presenza di numerose carcasse trovate dagli Alleati su tutti i campi dell'Italia del sud. Carcasse accanto alle quali amarono farsi immortalare soldati e aviatori anglo-americani.

FIAT G.50: VERSIONI E VARIANTI

Il FIAT G.50 ebbe alcune importanti e rilevanti variazioni, che scaturirono nel corso della progettazione o durante l'attività operativa del monoplano. La prima fu impostata nel 1936-37, destinata a creare il *biposto*, definito G.50/B, per rendere più agevole l'addestramento iniziale dei giovani piloti presso le Scuole di Volo. L'aereo presentava doppio abitacolo e doppi comandi. Creato un "simulacro" nel marzo

Ripresa laterale destra del FIAT G. 50 "bis"M.M.5400 (Foto A. Vigna)

Right side shot of a FIAT G.50"bis" M.M.5400

forces, more exactly after 38 days of ferocious fighting, mainly against German forces, and with little Regia Aeronautica involvement, the story of the FIAT G.50, in all its versions and series, came to a conclusion. The few examples that had survived the hurricane of war were not able play a valid part in the activities of the Regia Aeronautica that flew with the Allies in Southern Italy, and flew even less in the North, apart from sporadic use by pilots returning to flying operations, mainly in two seat versions, which were collected from the various Fighter Schools throughout the peninsula.

It was a sad end, made even more dramatic by the presence of the numerous carcasses discovered by the Allies on the airfields of Southern Italy, carcasses alongside which the Anglo-American soldiers and airmen happily posed for immortality, superb and satisfied victors with their trophies.

FIAT G.50: versions and variants

The FIAT G.50 was subject to some important and significant modifications which arose both during the design process and during the operational career of the monoplane. The first was initiated in 1936-37, and was aimed at creating a twin-seat version, designated G.50/B, intended to improve the initial training of young pilots at the flying schools. The aircraft possessed two cockpits and dual controls. A

Un altro FIAT G.50 della Scuola Volo di Rimini Miramare (Foto I. Rossini)

An other FIAT G.50s of the flying school at Rimini-Miramare

Interessante particolare ravvicinato di un Fiat G.50 "bis" Assalto, con la sua arma sporgente dal profilo alare destro. In pratica armi e travetti erano stati introdotti in un supporto, inserito tra il tronco alare vero proprio e la semiala. Si trattava di due Breda Avio Modello SAFAT da 12 mm - una per ala - con 600 colpi per arma. L'immagine evidenzia inoltre il travetto sub/alare per ordigni fino a 50 chilogrammi o serbatoi ausiliari (Foto Arch. dell'Autore)

Interesting close-up of a Fiat G.50 "bis" Assalto, with its weapons protruding from the wing. In practice, the weapons and associated equipment were inserted between the wing centre section and external panels. These were two Breda Avio Modello SAFAT 12 mm guns, one per wing, with 600 rounds per gun. The picture also shows the underwing mounting points for bombs up to 50 kilogrammes or drop tanks

Interessante veduta frontale di un FIAT G.50 "bis" Assalto (Foto Arch. dell'Autore)

Interesting frontal wiev of a FIAT G.50 "bis"Assault

Fra le varianti del FIAT G.50 merita una particolare citazione, sebbene lo sviluppo non abbia avuto un esito favorevole, il tipo destinato ad essere imbarcato! Si trattò di alcune prove, iniziate per prime sull'esemplare con M.M.5988, un "bis" della V Serie costruttiva, al quale seguirono altri due velivoli (M.M.6330/6338), dei CMASA della VII Serie, adattati e sperimentati presso le Officine S.Giorgio di Pistoia e lo Stabilimento Costruzioni Aeronautiche di Guidonia. L'esemplare qui raffigurato è tuttavia un FIAT G.50"bis" Assalto, primo della serie. I tipi destinati per l'imbarco sulla portaerei Aquila, che non fu mai impiegata, avevano un gancio di arresto sul terminale di fusoliera, risultato difficoltoso e piuttosto complicato nella sua messa a punto, poiché i primi si spaccavano ad ogni collaudo! (Foto Uff. Storico Fiat Aviazione)

Among the FIAT G.50 variants worthy of mention, even if the outcome would prove to be less than successful, was the version intended for carrier operation! This was the subjecy of a series of trials, commenced with M.M.5988, a V series 'bis', which was followed by two other aircraft (M.M.6330 and 6338), CMASA-built VII series. These were modified and tested at Officine San Giorgio at Pistoia and at the Stabilimento Costruzioni Aeronautiche at Guidonia. The aircraft shown any way it is a FIAT G.50 "bis" Assalto, the first of the series. The aircrafts destined for the embarkation has received the requisite modifications for operation from the carrier "Aquila", (Eagle), but which would never see service. The arrestor hook under in rear fuselage, which proved difficult and complicated to develop, as the early versions broke off during every trial

Aeroporto di Guidonia: estate del 1942: Personalità italiane e straniere in visita al magniloquente Centro Sperimentale della Regia Aeronautica. Fra alcuni Macchi MC 200 spicca anche un solitario FIAT G.50 "bis"! (Foto A.M./Via C. Gori)

Guidonia airfield: summer of 1942. Italian and strangers personalities in visit at magniloquent Experimental Center of Regia Aeronautica. With some Macchi MC 200 an alone FIAT G.50 "bis"!

La variante più interessante dei FIAT G.50 fu la versione "biposto", utile per l'addestramento avanzato dei giovani Allievi Piloti (Foto Uff.Storico Fiat Aviazione)

The most interesting version of the FIAT G.50 was the two seat variant, useful for the advanced training of young cadet pilots

Il Fiat G.50 "bis" M.M.6158 - VII Serie costruttiva - del 59° Gruppo Caccia Intercettori, pilotato dal M.llo Alfredo Porta, decollato da Torino per Falconara Marittima (Ancona) il 21 settembre 1942, atterrava per errore di rotta e per condizioni di meteo avverse, presso l'aeroporto di Emmen. Pilota fatto rientrare in Italia, aereo internato, restituito alla fine del conflitto. Inquietante esempio di sorprendente navigazione aerea per uno dei piloti della Regia Aeronautica! (Foto G.C. Garello)

The Fiat G.50 "bis" - Series VII - M.M.6158 - of the 59° Gruppo Caccia Intercettori. Its pilot, Maresciallo Alfredo Porta, left Torino for Falconara Marittima (Ancona) on 21 September 1942, but due to adverse weather and questionable navigation skill, landed at Emmen. He was returned to Italy, without his fighter, which was held and returned only after the conclusion of hostilities. Worring and amazing example of air navigation for one pilot of Regia Aeronautica!

Un FIAT G.50/B di una Scuola di Volo con codici di fusoliera riportati in numeri romani (Foto A. Vigna)

A FIAT G.50/B of a flying school with the fuselage code painted in Roman numbers

Immagine ravvicinata di un FIAT G.50/B con due Allievi piloti sistemati all'interno degli abitacoli (Foto A. Vigna)

Close up of a FIAT G.50/B with two student pilots in the cockpit

del 1938, soltanto il mese dopo si avviava la costruzione del primo esemplare, che ebbe un'impostazione alquanto travagliata e difficile, scaturita essenzialmente dal problema sorto già sul monoposto: la presenza del tettuccio chiuso, che secondo gli studi e le prove davano al velivolo uno scompenso aerodinamico, soprattutto a carico dei piani di coda. Questa situazione ritardò lo sviluppo del velivolo, che solo il 30 aprile del 1940 potè effettuare il primo volo di collaudo (esemplare M.M.3615), ai comandi del Comandante Ezio Guerra. Superato senza eccessivi problemi l'iter valutativo, fu avviata la costruzione di serie, indicata in ben 100 esemplari e alla fine in 108. Gran parte, com'era logico attendersi, furono destinati alle Scuole Volo e altri finirono per operare presso i Comandi di ZAT e di Squadra, per compiti di collegamento. Poco meno di dieci velivoli furono utilizzati nei reparti addestrativi dell'Aeronautica Nazionale Repubblicana, per poi concludere la loro vita operativa in seno alla Scuola di Lecce, rafforzata nei compiti addestrativi durante ma soprattutto dopo la conclusione del conflitto.

Abbiamo già indicato la nascita e lo sviluppo del FIAT G.50 "bis" e quella più "chimerica" dell'Assaltatore...*mancato*. Ma non possiamo ignorare il tentativo di creare il "ter", in previsione di un potenziamento nell'unità motrice, attraverso il promettente A.76, che durante le prove di collaudo non ebbe a mostrare le aspettative dei tecnici della FIAT. Per questo la progettazione ebbe una logica e intelligente soluzione: la cancellazione del progetto!

Nello stesso modo in cui era accaduto per il FIAT CR 42, i tecnici della FIAT, invogliati dalla presenza del motore tedesco *Daimler Benz DB 601*, installato poi sui Macchi MC.202 e sui Reggiane RE 2001, consideravano la possibilità di adottarlo anche per il FIAT G.50. Essi erano incoraggiati persino dal parere favorevole del Ministero della Regia Aeronautica, che nel 1940 dava alla ditta torinese l'autorizzazione ad allestire due esemplari, designati FIAT G.50/V (*V per velocità*). Era chiaro che l'adozione del motore in linea imponeva ai tecnici la necessità di modificare e rivoluzionare la configurazione e la linea aerodinamica. Fu compito della CMASA pisana di allestire i due esemplari prototipi (M.M.479/480), il primo dei

Parziale veduta della cabina del FIAT G.50, con alcuni strumenti, la cloche e il collimatore S. Giorgio (Foto Arch. Storico FIAT)

Partial view of the cockpit of G.50, with some instruments, the cloche and S. Giorgio gun-sight

mock-up was completed in March 1939, and one month later construction of the first aircraft commenced. This was to be a difficult and complicated process, mainly due to a problem that had been encountered during the development of the fighter: the enclosed cockpit. According to the studies and trials, the enclosed cockpits provoked an aerodynamic imbalance, above all affecting tail plane loading. This situation delayed the development of the aircraft, and the first test flight (by M.M.3615) was not made until 30 April 1940, with Comandante Ezio Guerra at the controls. After the evaluation process was completed with little difficulty, series construction was initiated, with a total build eventually reaching some 108 aircraft. These were mainly operated, logically, by the flying schools, although some examples ended up being operated by the ZAT (Territorial Air Zone) and Squadra (Air Group) commands in the liaison role. Little more than ten aircraft were utilised by the training units of the Aeronautica Nazionale Repubblicana, the surviving aircraft concluding their career after the war at the Lecce flying school, which having been established during the post-armistice period, was enlarged after the cessation of hostilities.

We have already traced the creation and development of the FIAT G.50 "bis" and that more fanciful of the Assaltatore... unfulfilled, but we are unable to ignore the attempt to create a "ter", in prevision of a boosting of the engine performance through the promising A.76, which during trials was unable to display the qualities expected by the FIAT technicians. Following this, the project was taken to a logical and intelligent conclusion: it was quickly cancelled.

Particolare ravvicinato del gruppo propulsore di un FIAT G.50 "bis" pronto al volo (Foto A.M.)

Close up of the engine of FIAT G.50 "bis" ready to fly

quali fu collaudato in volo da Ezio Guerra, il 28 agosto 1941. Non furono collaudi incoraggianti e soddisfacenti, pur se con l'insistenza, i bravi tecnici torinesi e pisani speravano in qualcosa di meglio. Quindi, anche questo "sogno" italiano fu di breve durata, soprattutto per la ridotta disponibilità dei propulsori, destinati a velivoli da combattimento, soprattutto al Macchi MC.202 "Folgore".

Fiancata destra del posto di pilotaggio. (Dal Libretto Istruzioni FIAT G.50/Via G.Di Giorgio)

The right hand side of the cockpit area

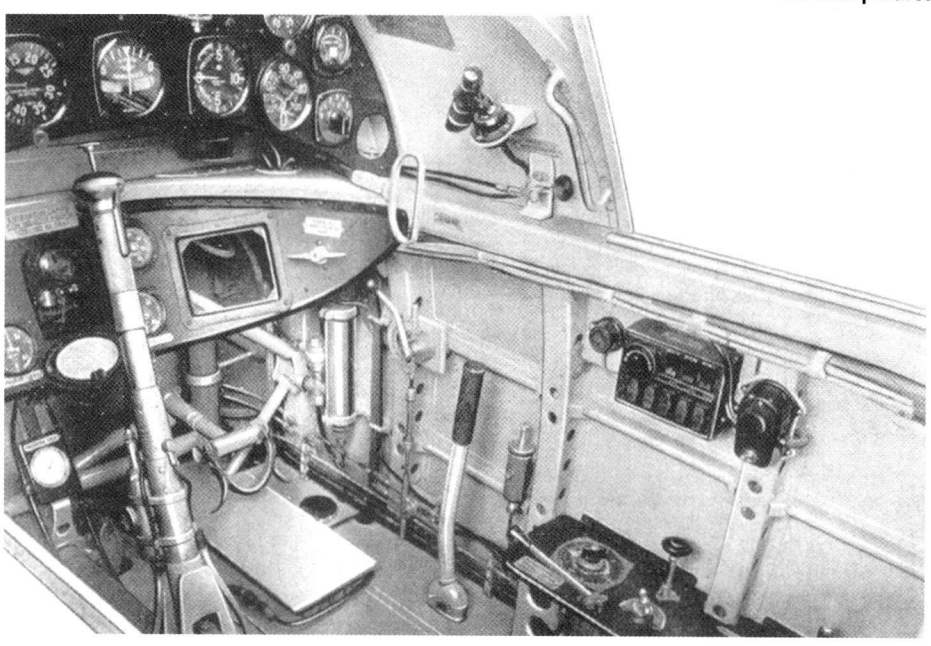

In the same manner as had befallen the FIAT CR 42, the FIAT technicians, inspired by the presence of the German Daimler Benz DB 601 engine, installed later in the Macchi MC.202 and Reggiane RE 2001, suggested the possibility of adopting it on the FIAT G.50. They were encouraged by the favourable comments of the Ministero della Regia Aeronautica, which in 1940 authorised the Turin firm to produce two examples, designated FIAT G.50/V (V for velocity). It was clear that the adoption of the in-line engine would force the technicians to modify and revolutionise the configuration and the aerodynamic profile. CMASA was entrusted with the production of two prototype examples (M.M.479/480), the first of which performed its first test flight, with Ezio Guerra at the controls, on 28 August 1941. The trials were unsatisfactory and not encouraging, despite the hopes and schemes of the technicians in Pisa and Turin: this Italian dream was to be of limited duration, above all due to the restricted availability of the engine, wisely directed towards combat aircraft worthy of the name, above all the Macchi MC.202 "Folgore".

Due differenti immagini di FIAT G.50/B. (Foto A.Vigna/R.Sgarzi/G. Di Giorgio)

Two different images of FIAT G.50/B

Descrizione tecnica

Velivolo da caccia, monoposto, caratterizzato da ala bassa, a sbalzo, monomotore a struttura interamente metallica. Fusoliera con struttura a semiguscio, metallica, sostenuta da longheroni a false ordinate. Ala metallica del tipo "a cassone", in duralluminio. Impennaggi a struttura metallica con rivestimento in tela delle parti mobili, dotato d'ipersostentatori metallici. Elica tripala a passo variabile in volo, del tipo FIAT 3D/41-1.
Motore A.74/RC.38 composto con 14 cilindri a doppia stella, dotato di riduttore e compressore per il controllo della potenza alla quota di circa 4000 metri. Potenza motrice pari a 840 CV a 2.400 metri. Potenza massima al decollo, con sovrapressione, 870 CV a 2520 giri (un impiego limitato a soli tre minuti). Motocompressore Tipo "Garelli" per la messa in moto autonoma.
Carrello retrattile, per mezzo di comando idraulico, dotato d'ammortizzatori oleodinamici. Ruotino di coda non retrattile.
Impianto radio ricetrasmittente ARC.1 (quando installato).
Collimatore Tipo S. Giorgio. Cinemitragliatrice OMI-FM/62 (quando installata).
Armamento di lancio: due mitragliatrici Breda Av.Modello SAFAT da 12,7 mm installate in caccia – sul muso – tra i banchi del motore – sincronizzate con i giri del propulsore, con una dotazione di 600 colpi per arma.

Technical Description

Fighter aircraft, single seat, characterised by an unbraced low wing, single engined, and of all metal construction. A monocoque metal fuselage braced with longherons connected to 17 frames. An all metal box wing in duraluminium. Metal tailplane structure with moving surfaces covered in fabric, and fitted with metal trim tabs. The three bladed propeller offered variable pitch, and was a FIAT 3D/41-1. An A.74/RC.38 14 cylinder twin row engines, equipped with constant speed control and a compressor for power control at heights above 4000 metres. Engine power in the region of 840hp at 2.400 metres. Maximum take-off power, with boost, 870hp at 2520 rpm (restricted to a maximum of three minutes). Retractable hydraulic undercarriage, with oleodynamic shock absorbers. Non-retractable

Weapons: two Breda Av.Modello SAFAT 12,7 mm machine guns installed in the nose between the engine banks, and synchronised with the propeller.Magazines containing 600 rounds per gun. Rate of fire 700 rds/min. Muzzle velocity 2.350 f/s. Max range: 15.000 fts. (Propeller "Hamilton-FIAT" – three-blade variable-pitch (26.44 30')
ARC-1 two-way radio (when installed)/Gun-sight S,.Giorgio Type with optical reflector/"Garelli" supercharge for self-staring/OMI-FM/62 gun-camera (when installed).

L'unico FIAT G.50 B (biposto) sopravvissuto dopo la tempesta dell'8 Settembre 1943. L'aereo rimase in attività fino al 1948 presso la Scuola di Volo di Galatina di Lecce (Foto A.Ballista)

The sole twin-seat FIAT G.50B to survive the aftermath of 8 September 1943. The aircraft was active until 1948 with the Galatina [Lecce] flying school

	G.50 prototipo	G.50 II Serie	G.50 VII Serie
Apertura alare *(Wing span)*	10,99 mt *35 ft 2 in*	10,99 mt *35 ft 2 in*	10,99 mt *35 ft 2 in*
Lunghezza totale *(Lenght)*	7,80 mt *24 ft 7 in*	8,03 mt *26,03 in*	8,29 mt *26,03 in*
Altezza totale *(Height)*	2,96 mt *9 ft 9 in*	3,28 mt *10,761 in*	3,28 mt *10,761 in*
Superficie alare *(Wing area)*	18,25 mq *196 sq. ft*	18,25 mq *196 sq ft*	18,25 mq *196 sq ft*
P.V. (Peso a Vuoto) *Weight Empity*	1.968 kg *4.328 lb*	1.963 kg *4.326 lb*	2.015 kg *4,500 lb*
Peso totale *(Loaded weight)*	2.042 kg *5.285 lb*	2.042 kg *5,285 lb*	2.042 kg *5,285 lb*
Velocità massima in quota *(Max speed)*	470 km/h *293 mph*	470 km/h *293 mph*	470 km/h (5.000 mt) *293 mph (1.500 ft)*
Velocità massima slm *(Max speed at sea level)*	400 km/h *264.8 mph*	400 km/h *264.8 mph*	400 km/h *254.8 mph*
Velocità di sostentamento (minima) *(Minimum speed)*	118 km/h *76-42 mph*	123 km/h *76-42 mph*	123 km/h *76-42 mph*
Tempi di salita *(Climb to)*	2.000 mt/1'50" *608,16 ft*	2.000 m/1'50" *608,16 ft*	2.000 mt/1'50" *608,16 ft*
	3.000 mt/3'10" *914,04 ft*	3.000 mt/3'10" *914,04 ft*	3.000 mt/3'27" *914,04 ft*
	4.000 mt/4'38" *1.219,02 ft*	4.000 mt/4'38" *1.219,02 ft*	4.000 mt/5'00" *1.219,02 ft*
	5.000 mt/6'03" *1.524,00 ft*	5.000 mt/6'03" *1.524,00 ft*	5.000 mt/6'30" *1.524,00 ft*
	6.000 mt/7'30" *1.826,08 ft*	6.000 mt/7'30" *1.826,08 ft*	6.000 mt/8'00" *1.826,08 ft*
Quota di tangenza *(Service ceiling)*	9.500 mt *2.895,06 ft*	10.700 mt *2.895,06 ft*	10.700 mt *2.895,06 ft*
Autonomia massima *(Max range)*	445 km	445 km	445 km

Elica tripala "Hamilton-FIAT" a passo variabile in volo
(Propeller "Hamilton-FIAT" - three-blade variable-pitch (26-44 30')

Capacità carico carburante tot. 316 litri per FIAT 50 normale/411 litri per versione "Bis"
(Fuel capacity) 68,632 Imperial gallons (about)

Apparato ricetrasmittente (quando installato) ARC-1/Collimatore Tipo S. Giorgio a riflessione ottica/Motocompressore "Garelli" per avviamento autonomo/foto-cinemitragliatrice (quando installata) Tipo OMI-FM-62
ARC-1 two-way radio (when installed)/Gun-sight S. Giorgio Type with optical reflector/"Garelli" supercharger for self-starting/OMI-FM/62 gun-camera (when iunstalled)

Riepilogo Matricole Militari G.50 - Tipo del velivolo - Ditta Costruttrice - Numero - Serie			
FIAT G.50 serial batches - Aircraft Type - Constructor - Number - Series			
M.M. 334	G.50	CMASA	**Primo Prototipo** First Prorotype
M.M. 335	G.50	CMASA	**Secondo Prototipo distruttosi l'8 novembre 1937** Second Prorotype destroyed 8 November 1937
M.M. 479/480	G.50/V	CMASA	
M.M. 3570/3614	G.50	CMASA	**N. 45 esemplari I Serie costruttiva** 45 examples I Serie
M.M. 4721/4756	G.50	CMASA	**N. 36 esemplari II Serie costruttiva**[1] 36 examples II Serie[1]
M.M. 4937/4966	G.50	CMASA	**N. 30 esemplari III Serie costruttiva**[2] 30 examples III Serie[2]
M.M. 5361/5460	G.50	CMASA	**N. 100 esemplari IV Serie costruttiva** 100 examples IV Serie
M.M. 5461/5485	G.50bis	CMASA	**N. 25 esemplari V Serie costruttiva** 25 examples V Serie
M.M. 5933/6247	G.50bis	FIAT	**N. 315 esemplari V Serie costruttiva**[3] 315 examples V Serie[3]
M.M. 6328/6414	G.50bis	CMASA	**N. 87 esemplari VII Serie costruttiva** 87 examples VII Serie
M.M. 6953/6962	G.50bis	CMASA	**N. 10 esemplari VI Serie costruttiva** 10 examples VI Serie
M.M. 8561/8595	G.50bis	FIAT	**N. 35 esemplari VII Serie costruttiva** 35 examples VII Serie
M.M. 3615/3619	G.50B	CMASA	**N. 5 esemplari I Serie costruttiva** 5 examples I Serie
M.M. 6308/6327	G.50B	CMASA	**N. 20 esemplari VII Serie costruttiva** 20 examples VII Serie
M.M. 6415/6489	G.50B	CMASA	**N. 75 esemplari VII Serie costruttiva**[4] 75 examples VII Serie[4]

(1) N. 17 velivoli venduti all'Aviazione finlandese
(1) 17 aircraft sold to the Finnish air force
(2) N. 9 velivoli venduti all'Aviazione finlandese
(2) 9 aircraft sold to the Finnish air force
(3) N. 9 velivoli venduti all'Aviazione croata
(3) 9 aircraft sold to the Croatian air force
(4) N. 1 velivolo venduto all'Aviazione croata
(4) 1 aircraft sold to the Croatian air force

Piloti della Regia Aeronautica decorati di Medaglia d'Oro al V.M. – "alla memoria" operanti con FIAT G.50 durante il corso della II G.M.

Tenente Pilota Alfredo FUSCO, nato a Tripoli il 5 luglio 1915, appartenente alla 361^ Squadriglia, 154° Gruppo Autonomo C.T., abbattuto nel cielo di Berat (fronte greco-albanese) il 20 Febbraio 1941 durante un combattimento con Hawker Hurricanes Mk.1 del Fighter Squadron 112

Tenente Pilota Livio BASSI, nato a Trapani il 5 luglio 1915, appartenente alla 395^ Squadriglia, 154° Gruppo Autonomo C.T., colpito nel cielo di Berat (fronte greco-albanese) il 20 febbraio 1941 durante lo stesso combattimento sostenuto dai cacciatori italiani con gli Hawker Hurricanes Mk.1 del Fighter Squadron 112. Riuscito a raggiungere la base di partenza, l'aereo s'incendiava durante l'atterraggio, ustionando gravemente il giovane pilota, morto nell'Ospedale Militare romano del Celio il 2 aprile, dopo lunga e sofferta agonia.

Sergente Pilota Marcello DE SALVIA, nato a La Spezia il 30 ottobre 1920, appartenente alla 354^ Squadriglia, 24° Gruppo Autonomo C.T., abbattuto il 4 marzo 1941 nel cielo di Porto Palermo (Grecia), durante un combattimento sostenuto ancora una volta contro i micidiali Hawker Hurricanes Mk.1 del Fighter Squadron 112.

Sergente Pilota Luigi SPALLACCI, nato a Tripoli il 20 novembre 1918, appartenente alla 355^ Squadriglia, 24°Gruppo Autonomo C.T., abbattuto nel cielo di Bousi (fronte greco-albanese) l'11 marzo 1941 durante un combattimento con i soliti Hawker Hurricanes Mk.1 del Fighter Squadron 112.

Capitano Pilota Mario MONTEFUSCO, nato a Roma il 9 gennaio 1912, Comandante della 151^Squadriglia, 20° Gruppo Autonomo C.T., abbattuto nel cielo di Sidi El Barrani (fronte libico-egiziano), il 4 luglio 1941 dalla contraerea della base britannica, attaccata per due volte da una formazione di FIAT G.50 "bis" del reparto.

N.B. Le due Medaglie d'Oro concesse ai Tenenti Piloti Alfredo FUSCO e Livio BASSI, entrambi allora in forza al 154° Gruppo Autonomo C.T., sono oggi annoverate nell'Albo d'Onore del 51°Stormo d'Istrana, per una ragione incomprensibile e misteriosa (!) e nonostante che tale anormalità sia stata più volte fatta presente al Comando d'Istrana, anche attraverso documentazione probante, inoppugnabile, il reparto continua ad "appropriarsi" di due gloriose decorazioni che non gli appartengono affatto!

Pilots of Regia Aeronautica awarded posthumous Gold Medals for Valour operating with the FIAT G.50 during WWII

Tenente Pilota Alfredo FUSCO, born in Tripoli on 5 Luglio 1915, assigned to the 361^ Squadriglia, 154° Gruppo Autonomo C.T., shot down over Berat (Greece-Albania front) on 20 February 1941 during a combat with the Hawker Hurricane Mk.1s of 112 (Fighter) Squadron 112.

Tenente Pilota Livio BASSI, born at Trapani on 5 July 1915, assigned to the 395^ Squadriglia, 154° Gruppo Autonomo C.T., damaged in the skies over Berat (Greece-Albania front) on 20 February 1941 during the same combat fought by the Italian fighters against the Hawker Hurricane Mk.1s of 112 (Fighter) Squadron. BASSI struggled back to base, but the aircraft caught fire on landing, severely burning the young pilot, who died in the Celio Rome Military Hospital on 2 April after long and agonising suffering.

Sergente Pilota Marcello DE SALVIA, born at La Spezia on 30 October 1920, assigned to the 354^ Squadriglia, 24° Gruppo Autonomo C.T., shot down on March 1941 in the skies above Porto Palermo (Greece) during a sustained combat once again against the deadly Hawker Hurricane Mk.1s of 112 (Fighter) Squadron.

Sergente Pilota Luigi SPALLACCI, born in Tripoli on 20 November 1918, assigned to the 355^ Squadriglia, 24° Gruppo Autonomo C.T., shot down in the skies over Bousi (greece-Albania front) on 11 March 1941 during a combat with the inevitable Hawker Hurricane Mk.1 of 112 (Fighter) Squadron.

Capitano Pilota Mario MONTEFUSCO, born in Roma on 9 January 1912, Commander of the 151^ Squadriglia, 20° Gruppo Autonomo C.T., shot down in the sky above Sidi El Barrani (Libyan-Egyptian front) on 4 July 1941 by anti-aircraft fire from the British base, which was attacked on two occasions by a formation of FIAT G.50 "bis" from the unit.

N.B. The two Medaglie d'Oro awarded to Tenenti Piloti Alfredo FUSCO and Livio BASSI, both then serving with the 154°Gruppo Autonomo C.T., are today inscribed on the Roll of Honour of the 51°Stormo at Istrana for an incomprehensible and mysterious [!] reason. Despite the fact that this anomaly has on numerous occasions been identified to the Istrana base command, frequently with the support of reputable documentation, the unit continues to "misappropriate" the two honourable decorations to which it has no justifiable claim!

I modelli del FIAT G.50

di Alessandro Nati Fornetti

Il G.50 non è stato poi trattato così male dalle ditte produttrici; cominciando dalla scala 1/48, la scelta più logica dovrebbe essere il kit Secter/Hasegawa; purtroppo questo stampo soffre di numerose imprecisioni nelle forme, tanto da costringere ad interventi piuttosto impegnativi. Il lavoro può essere semplificato con gli appositi set di conversione (Misterkit, Pacmodels), o acquistando la scatola della Pacific Coast Models, che oltre allo stampo Hasegawa contiene già le necessarie parti sostitutive in resina. A questo punto, però, vale la pena di considerare i modelli in resina della Italian Classic che, pur costosi, rappresentano sicuramente il meglio in questa scala.

In 1/72, dimenticato il vecchio Airfix, consigliamo sicuramente le scatole della AML, che sono dei tipici short-run; naturalmente questo tipo di kit richiede un po' di pazienza nella preparazione dei pezzi, ma le pannellature sono sottilissime, il dettaglio è di buon livello (aiutato da alcune parti in resina), e le forme corrette: in sostanza, pur ricordando anche i G.50 in resina Misterkit/Vintage, crediamo che le scatole AML offrano un rapporto qualità/prezzo imbattibile.

Il miglior G.50 in scala 1/48 è attualmente quello prodotto dalla Italian Classic, in resina; questo modello di Riccardo Trotta dà l'idea dei risultati ottenibili da questa scatola

The best G.50 in 1/48 scale is presently that produced by Italian Classic in resin. This model by Riccardo Trotta gives an idea of what is achievable with this kit

FIAT G.50 models
by Alessandro Nati Fornetti

The G.50 has not been badly treated by the kit manufacturers: beginning in the 1/48 scale, the most logical choice should be the kit from Secter/Hasegawa. Unfortunately this moulding suffers from numerous errors in shape, which are enough to require some seriously demanding modification. The work can be simplified through the use of a suitable conversion set [Misterkit, Pacmodels], or by purchasing the box from Pacific Coast Models, which besides the Hasegawa moulding contains the requisite replacement parts moulded in resin. At this point, however, it is worth considering the resin models manufactured by Italian Classic which, although expensive, certainly deliver the best results in this scale.

In 1/72, ignoring the old Airfix offering, we would recommend the AML product, albeit only from a short production run. Naturally this type of kit requires not a little patience in the preparation of the parts, but the panelling is subtle, the level of detail is good [aaided by some parts in resin], and the shape is correct. In substance, despite being similar to the G.50 produced by Misterkit/Vintage, we consider that the AML offers an almost unbeatable price/quality package.

Il modello AML in 1/72 (qui nella versione completa di sci) rappresenta certamente la scelta più sensata per questa scala

The AML 1/72 model [here showing a ski-equipped version] represents the most valid choice of kit in this scale

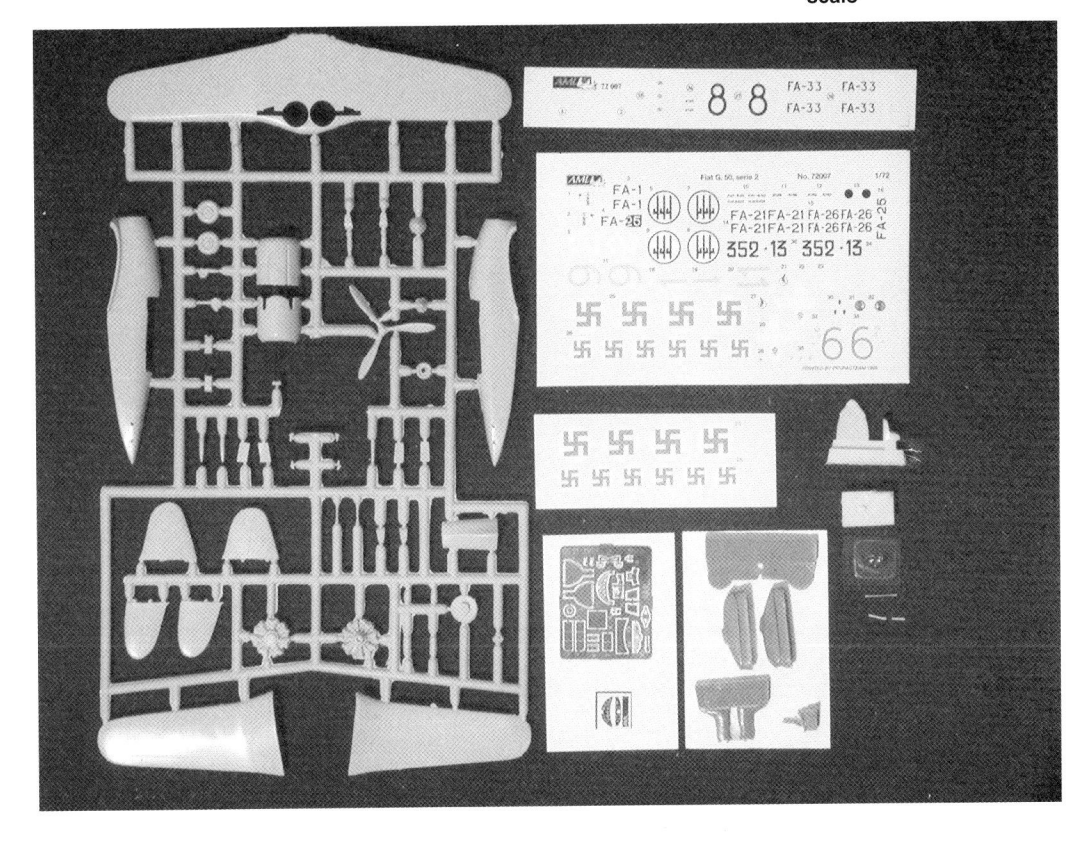

Particolare ravvicinato del carrello principale retrattile (Dal Libretto Istruzioni FIAT G.50/Via G.Di Giorgio)

Close up the retractable main undercarriage

Fiancata interna sinistra del posto di pilotaggio (dal Libretto Istruzioni FIAT G.50/Via G. Di Giorgio)

The left hand side of the cockpit area

Particolare della gamba di forza del carrello – ruota sinistra (Dal Libretto Istruzioni FIAT G.50/Via G.Di Giorgio)

Close up of the left main undercarriage shock absorber

Particolare del vano cassette porta munizioni del FIAT G.50 (Dal Libretto Istruzioni FIAT G.50/Via G.Di Giorgio)

Close up of the ammunition bay

Ruota di coda (Da Libretto Istruzioni FIAT G.50/Via G. Di Giorgio)

The tailwewheel

Vista posteriore del gruppo propulsore con il particolare delle due aste di collegamento ai sincronizzatori meccanici delle mitragliatrici di bordo (Dal Libretto Istruzioni FIAT G.50/Via G.Di Giorgio)

Rear view of the engine area with a close up of the connection with the gun synchronising mechanism

KIT
1/72:
Airfix	0046	
Aml	7205	1a Serie
	7207	4a Serie
Italian Kits	IK7204 G.50V	
Kora	7229	Finnish G.50 (stampo AML+resina)
Vintage	V12, V13, V14	

1/48:
Hasegawa	SP139, SP141 (ex Secter).
Secter	SAC001
Secter/PCM	48001

ACCESSORI
1/72:
Airform	003	conversione per Airfix
Cutting Edge	72007	dettagli (resina)
Eduard	72077	fotoincisioni
Engines&Things	72085	Fiat A74 in resina
Falcon Clearvax	20, 23	tettucci vacuform
Vami		conversione 1a Serie
Classic Plane	CPM39, CPM40	conversioni per G.50B

1/48:
Airwaves	4837	fotoincisioni
Eduard	48032	fotoincisioni
Engines&Things	48096	Fiat A74 in resina
Falcon Clearvax	37	tettuccio vacuform
Italian Classic	IC004	conv. G.50B
	IC008	conv. G.50bis
Misterkit	48009	Ala in resina.

DECAL
1/72:
FCM	HB72-01
InScale	72AC05
Skymodels	72-010
Tauromodel	72-508, 536

1/48:
Aeromaster	48144
Skymodels	48-026
Tauromodel	48-525, 550, 551, 559, 564, 565

Vista dall'alto e dal fianco destro del vano armi, con le due mitragliatrici Breda Av.Modello SAFAT da 12,7 mm dotate di "sincronizzatore meccanico", posto sul castello anteriore delle armi (Foto da Libretto Istruzioni FIAT G.50 & Dispensa Allievi Spec. Armieri (Via G. Di Giorgio/Archivio dell'Autore)

Seen from above and right hand, the weapons bay containing the two Breda Av.Modello SAFAT of 12,7 mm machine guns and the "synchronising mechanism" on the housing forward of the weapons

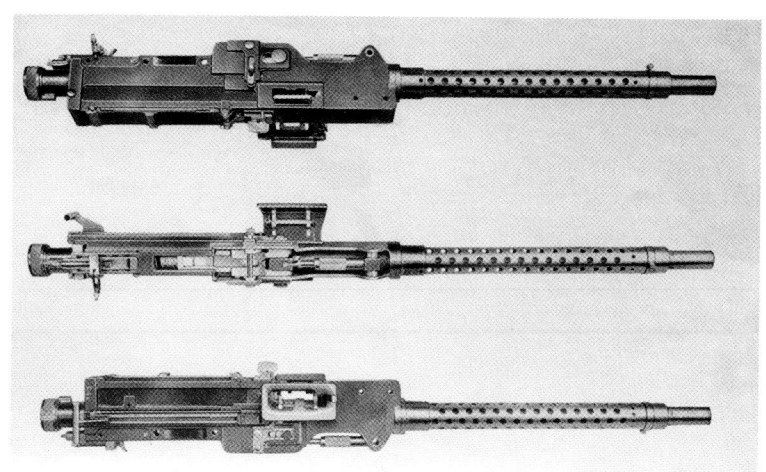

Una delle due armi in caccia installate sul vano anteriore dei FIAT G.50 e G.50 "bis": Breda Avio Modello SAFAT cal.17,7 mm. Peso dell'arma 28,90 kg.Lunghezza 1.380 mm. Celerità di tiro 700 colpi al minuto primo. Velocità iniziale del proiettile 760 mt/sec. Gittata max 5.000 mt (teorica) (Foto Arch. dell'Autore)

One of the two guns in fight installed over FIAT G.50 & FIAT G.50 "bis": Breda Avio Modello SAFAT cal.12,7 mm. Weight 28,90 kg / Length 1.380 mm / rate of fire 700 rounds for minute / muzzle velocity 760 m/sec. Max throw 5.000 mt (teoric)

Scomposizione di una canna di mitragliatrice Breda Avio Modello SAFAT cal.12,7 mm (Foto Arch. dell'Autore)

Separation into parts for a barrel of Breda Avio Modello SAFAT cal.12,7 mm

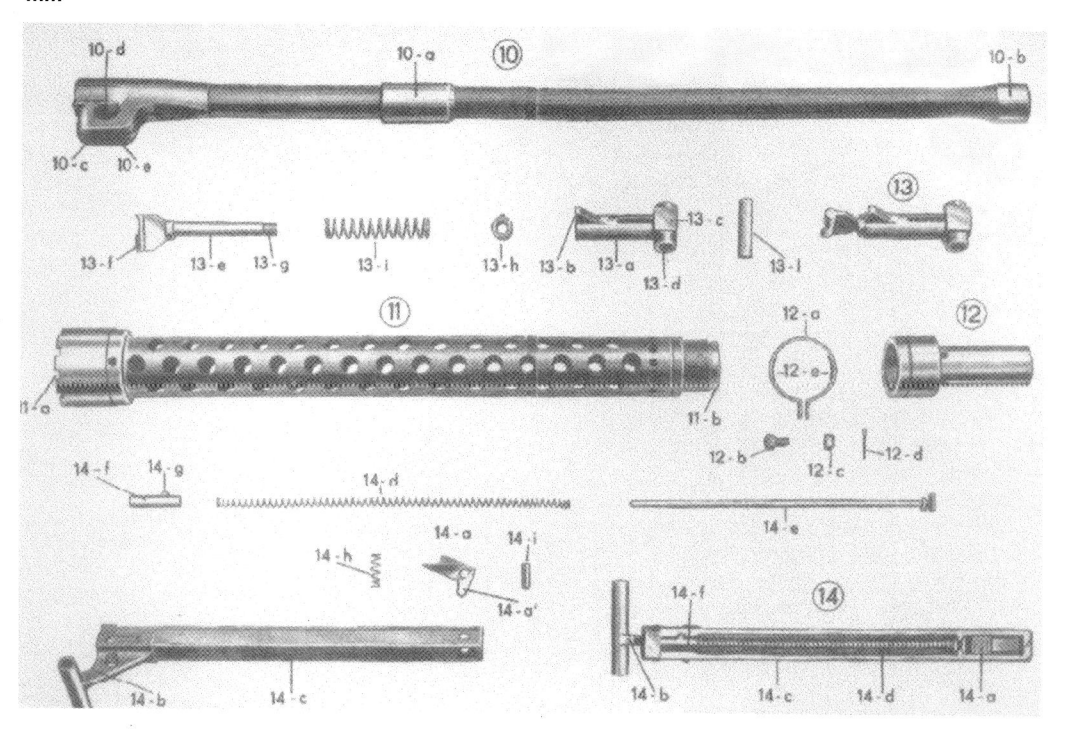

Tabella comparativa dei gradi dei cobelligernati
Comparative ranks of the contesting Air Forces

Regia Aeronautica	Luftwaffe	R.A.F.	Feet Air Arm	Royal Hellenic Air Force
Aviere	--	Aircraftsman	--	--
Aviere Scelto	--	Corporal	--	--
1° Aviere	--	Leading Aircraftsman	--	--
Sergente	Unteroffizier	Sergeant	Petty Officer	Episminias
Sergente Maggiore	Feldwebel	Flight Sergeant	Chief Petty Officer	Archisminias
Maresciallo*	Oberfeldwebel	Warrant Officer	Warrant Officer	Anthypaspistes
S. Tenente	Leutnant	Pilot Officer	Midshipman	Anthyposminagos (2/Lt)
Tenente	Oberleutnant	Flying Officer	Sub Lieutenant	Hiposminagos (1/Lt)
Capitano	Hauptman	Flight Lieutenant	Lieutenant	Sminagos
Maggiore	Major	Squadron Leader	Lieutenant Commander	Epismingos
Ten. Colonnello	Oberstleutnant	Wing Commander	Commander	Antisminarchos
Colonnello	Oberst	Group Captain	Captain	Sminarchos
Generale di Brigata	Generalmajor	Air Commodore	Commodore	Taxiarchos
Generale di Divisione	--	Air Vice-Marshal	--	--
Generale di Sq. Aerea	--	Air Marshal	--	--

Si tenga presente che nella Regia Aeronautica/Aeronautica Militare i Marescialli erano e sono rappresentati in tre categorie distinte: M.llo 3^ Classe/M.llo 2^ Classe/M.llo 1^ Classe.
Dal 1970 vi fu la qualifica di M.llo 1^ Classe "Scelto": galloni da Maresciallo filettati di rosso. Successivamente definiti "Aiutanti", con identici galloni. Oggi "Luogotenenti": stessi galloni con stelltta rossa accanto.

Bibliografia
Bibliografy

"FIGHTERS OVER THE DESERT" – di Chrisopher Shores e Hans Ring, Ediz. Neville Spearman, London 1969.
"INFERNO SU MALTA" – di Nicola Malizia/Mursia Editore, Milano 1976.
"IL 51° STORMO CACCIA" – di Nicola Malizia, Edizione Bizzarri, Roma 1975.
"REGIA AERONAUTICA E ARMEE DE L'AIR" - di G. Carlo Garello/SMAM Roma 1975.
"FIGHTERS OVER TUNISIA" – di Christopher Shores, Hans Ring & William Hesse, Neville Spearmam, London 1975.
"CACCIA D'ASSALTO" – di Nicola Malizia, Ciarrapico Editore, Roma 1977.
"IL FIAT CR 42 – Un mito che non muore" di Nicola Malizia, Ediz.dell'Ateneo & Bizzarri, Roma 1982.
"50° STORMO D'ASSALTO" – di Nino Arena, STEM-Mucchi, Modena 1979.
"MALTA: The Hurricane years, 1940-41" – di Christopher Shores/Brian Cull/Nicola Malizia/Grub Street, London, 1987.
"AIR WAR FOR YUGOSLAVIA, GREECE AND CRETE" – di Cristopher Shores/Brian CULL/Nicola MALIZIA/Grub Street, London 1987.
"QUELLI DEL GATTO NERO – 1939-1999 I 60 anni del 51° Stormo" – di Nicola Malizia, Edizione in proprio, Tip.Bacchini, Rimini 1998.
"AERONAUTICA ITALIANA (Dieci anni di storia: 1943-1952) – di Achille Vigna, Ediz.Storia Militare, Parma 1999.
"SPITFIRES OVER SICILY" – di Brian Cull/Nicola Malizia, Frederick Galea – Grub Street, London 2000.